KB023960

014

팸플릿 014

지공주의의 이론과 실천

토지공개념, 행복한 세상의 기초

김윤상 지음

한티재

차례

책을 내면서 008

| 1장 | 정의로운 사회제도

1. 민주정과 사회제도

사회제도, 누가 결정할 것인가? 016 | 성향별·계층별 지지 제도 019
균형형 제도 지지율이 가장 높다 024

2. 정의로운 사회제도

정의의 핵심은 균형 029 | 정의로운 소득 분배 033 | 특권의 사례 036

3. 특권 대책

특권 대책 3원칙 044 | 3원칙에 대한 반론 045
특권 취득 노력의 사회적 기여? 048

부록
#미투와 평등한 세상 051
경제 민주화, 상식으로 이해하기 055
세제 개편은 특권이익 환수부터 059

| 2장 | 시장친화적 토지공개념

1. 토지공개념과 시장경제

'평등한 자유'와 토지원리 067 | 지대 환수는 자본주의에 위배되나? 071
토지공개념에서 자연공개념으로 074 | 지대세 도입 전략 078

2. 토지공개념과 헌법

토지공개념은 지금도 합헌 083 | 토지공개념을 헌법에 명시한다면? 086

3. 지대 불평등 시뮬레이션

지대의 발생 091 | 도시화에 따라 커지는 지대 격차 095
지대로 인한 소득 불평등 100
지대 불평등 해소 수단: 소득세와 지대세의 비교 107

부록

시장주의인가, 방임주의인가? 112
시장을 이기는 정부는 없다? 115
양도세가 징벌적? 그럼 소득세는 약탈적! 118

| 3장 | 지공주의, 행복한 세상의 기초

1. 지공주의와 재분배 없는 복지

생존권보험 126 | 복지 재원과 부동산소득 132 | 운과 상속·증여 136

2. 화합과 평화를 위한 지공주의

지공주의는 좌도우기 142 | 지공주의는 제3의 이데올로기 147

지공주의와 국제 분쟁 150

3. 국민이 주인 되는 정치 개혁

연동형 비례대표제 154 | 공공기관장의 중립성 160

선거의회와 추첨의회 164

부록

4차 산업혁명과 행복한 세상 168

'헬조선'의 해법은 복지 + 비례대표제 171

시민단체는 왜 필요한가? 174

참고 문헌 178

표와 그림

[표 1.1] 사회제도의 유형 019
[표 1.2] 사회적 성향의 유형 021
[표 1.3] 주민의 성향과 계층 인식에 따른 지지 제도 023
[표 1.4] 제도 유형별 지지율 예상치 1 025
[표 1.5] 제도 유형별 지지율 예상치 2 027
[표 1.6] 균형형 제도의 분배원칙 030
[표 1.7] 특권의 분류와 예시 037
[표 2.1] 토지·천연자원·환경의 비교 076
[표 2.2] 지대의 발생과 변화 093
[표 2.3] 인구에 따른 불평등도 지수 099
[표 2.4] 첫 정착민 7명의 소득 내역 예시 103
[표 2.5] 도시 주민의 소득 구성 105
[표 2.6] 원인별 소득의 불평등도 106
[표 2.7] 시뮬레이션에 적용한 누진소득세율 109
[표 2.8] 과세 후 소득과 원인별 소득과의 상관관계 변화 110
[표 2.9] 지대 처리 방법에 따른 불평등도 111
[표 3.1] 부동산소득(실현 자본이득+임대소득) 추산 133
[표 3.2] 부동산 순임대소득 135
[표 3.3] 운의 종류 137
[표 3.4] 진보/보수 진영의 지향 143
[표 3.5] 세 체제의 비교 148
[표 3.6] 주민의 성향과 계층 인식에 따른 지지 정파 158
[표 3.7] 정파별 지지율 159
[표 3.8] 중요 중립적 공공기관 인사권자와 절차 162

[그림 1.1] 정의의 여신 디케 032
[그림 1.2] 소득의 원인과 결과 035
[그림 2.1] 이자공제형 전략의 50년간 지대환수율 추이 081
[그림 2.2] 인구 100명일 때의 지대와 불평등도 096
[그림 2.3] 인구 500명일 때의 지대와 불평등도 098
[그림 2.4] 소득 불평등 시뮬레이션 결과 101
[그림 3.1] 세제의 비교 150

저는 1980년대 초부터 지금까지 '지공주의'地公主義를 연구해 왔습니다. 지공주의라는 용어를 처음 듣는 분이 많으실 것입니다. 당연합니다. 인간이 생산하지 않은 토지 등 자연은 우리 모두의 것이라는 헨리 조지 사상을 제 나름으로 번역한 용어입니다.

자연물과 인공물은 다르게 취급할 수밖에 없습니다. 매우 상식적이고 또 역사적으로도 뿌리가 깊은 이런 원리가 현실에서 무시당해 왔습니다. 기득권층, 보수층, 신자유주의 진영에서는 지공주의를 극력 비판합니다. 지공주의를 좌파로 모는 색깔 공세도 있습니다. 학계에서도 오해가 많습니다. 그러나 지공주의는 오히려 진정한 사유재산제, 진정한 시장경제의 필수조건입니다. 나아가서 좌·우파 간의 소모적 갈등도 생산적으로 해결할 수 있습니다. 예를 들면, 지공주의는 좌파의 가치인 복지를 우파가 존중하는 시장을 통해 이룩할 수 있습니다. 그런 의미에서 지공주의는 '좌도우기'左道右器 사상이기도 합니다.

그러나 이해관계와 고정관념으로 얼룩진 현실에서 지공주의가 수용되기 어렵다는 사실을 잘 압니다. 그럼에도 불구하고 포기할 수 없습니다. 모든 개혁은 불가능해 보이는 꿈에서 시작되며, 꿈을 포기하면 결국 아무 개혁도 이룰 수 없기 때문입니다. 마치 중생이 빠짐없이 부처가 된다든지 하나님 나라가 이 땅에 이루어지는 것이 현실적으로 불가능하다는 것을 알더라도 그렇게 되도록 노력하지 않을 수 없는 것과 같습니다. 애쓰는 그 자체만으로 아름다운 일이고 세상이 조금이라도 그런 방향으로 변화한다면 보람도 느낄 수 있지 않겠습니까?

또 눈앞의 현실에서는 이성의 영향력이 비록 미약해 보여도 역사는 결국 그 방향으로 나아갈 것으로 믿습니다. 200년 전에 노예제도가 철폐될 것이라고 누가 예견했겠습니까? 100년 전에 남녀가 동등하게 투표권을 행사할 것이라고 누가 내다보았겠습니까?

금년 초 도서출판 한티재에서 연락을 받았습니다. 제가 30년 이상 붙들고 연구해온 내용을 일반 독자에게 해설하는 책을 내자는 겁니다. 지역 문화계의 자랑인 한티재의 제안인 데다가, 토지공개념을 헌법에 명시한다고 하여 정계나 학계에서 관심이 높아지고 있는 시점이기도 하여 승낙하였습니다.

한티재의 제안이 아니어도 사회문제를 연구하는 학자는 사회와 소통해야 한다고 생각해 왔고 이미 졸저 『알기 쉬운 토지공개념』, 『특권 없는 세상』, 『이상사회를 찾아서』를 통해서 그런 시도를 해왔습니다. 『알기 쉬운 토지공개념』에는 삽화를 넣기도 했고 다른 두 권에서는 대화체 문장을 사용하기도 하였습니다. 이 책에서도 학술적인 냄새를 줄이고 좀 더 쉽게 설명하려고 애썼고, 언론에 실렸던 제 칼럼 중에서 관련이 깊은 글을 뽑아 각 장의 부록으로 실어도 보았습니다.

이 책이 모두가 행복한 세상으로 나아가는 데 조금이라도 도움이 되기를 희망합니다. 이런 세상이 한갓 꿈이 아니라 실제로도 가능하다는 사실을 독자에게 알릴 기회를 준 도서출판 한티재에 감사드립니다.

2018년 6월

김윤상 씀

1

정의로운 사회제도

사회제도는 사회 구성원의 행동에 관한 공통의 틀 또는 규칙이다. 법령에 의해 인정된 공식 제도도 있고 관습이나 관행에 의해 형성된 비공식 제도도 있다. 사회제도는 사회 구성원에 대해 구속력을 가진다. 사회제도에 따르지 않는 개인은 작게는 불편을 감수해야 하고 심하면 그 사회에서 배제될 수 있다.

그렇다면 이런 의문이 자연스럽게 생긴다. 개인의 자유를 제한하는 사회제도가 필요한가? 각자 자신이 원하는 방식으로 살면 안 되는가? 그러나 사회제도는 불가피하다. 공권력이 사회제도를 만들어 강제하지 않는다고 해도 인간이 사회를 형성하고 살다 보면 사실상의 구속력을 가진 틀 또는 규칙은 저절로 형성된다. 또한 좋은 사회제도가 있으면 서로 타인의 행동을 예측할 수 있으므로 불확실성으로 인한 불안과 낭비가 줄어들어 개인과 사회에 이익이 된다.

나아가서, 사회제도는 인류의 옷과 같다. 옷은 가릴 곳을 가려주고 외부의 자극으로부터 보호해주는 기본적인 기능을 가지고 있지만 그에 더해서 '옷이 날개'라는 말처럼 사람을 돋보이게 하는 효과도 있다. 좋은 사회제도 역시 사회를 돋보이게 하는 날개가 될 수 있다. 교통이 무질서한 사회에서 살던 사람이 현대 한국에 와서, 차량과 보행자가 그런대로 교통 신호를 잘 지키는 모습을 보면 어떤 생각을 할까? 한국은 자신이 살던 곳보다 더 나은 사회이고 한국인은 양보와 배려의 미덕을 상당히 갖춘 사람이라는 인상을 갖게 되지 않을까? 교통 신호등이라는 사회제도가 한국과 한국인을 돋보이게 한다는 것이다. 물론 그 반대도 성립한다. 나쁜 옷을 입으면 사람이 못해 보이듯이 나쁜 사회제도는 사회와 그 주민에 대한 인상을 흐려 놓을 것이다. 예를 들어 도둑질을 제도적으로 허용한다면 사회는 불안하고 주민은 경계심에 가득 차게 될 것이다. 사회의 품격이 낮아 보이고, 주민의 성품도 불량하게 비칠 것이다.

좋은 옷을 입는다고 그 사람 자체가 더 훌륭해지는 것은 아니다. 그러나 옷과는 달리 좋은 사회제도는 사회의 품격과 인간의 성품 자체를 높이는 좋은 작용을 할 가능성을 부정할 수 없다. 교통 신호등이 처음 도입될 때는 처벌 때문에 마지못해 규칙을 지키는 주민이 많겠지만, 시간이 지나면서 신호등 덕에 개인의 안전도가 높아질 뿐 아니라 지역의 교통 흐름도 더 원활해진다는 점을 이해하는 사람이 늘어나게 된다. 이런 이해 위에서 자발적으로 교통 신호를 지키는 사람이 많아진다면, 사회의 품격은 물론이고 주민의 성품 자체도 높아지는 게 아닐까? 또한 그 반대도 성립할 수 있을 것이다. 나쁜 사회제도를 오래 실시하면, 예를 들어 도둑질을 오랜 세월 허용하면 주민의 양심 자체가 불량해질 가능성도 없지 않다.

이런 의미에서 제1장에서는 좋은 사회제도가 어떤 것인지를 같이 생각해보기로 한다.

1. 민주정과 사회제도

사회제도, 누가 결정할 것인가?

사회제도가 중요하다면 이를 누가 결정할 것인가의 문제도 중요해진다. 민주사회에서 제도와 정책은 국민의 여론에 따라 결정하도록 되어 있다. 그러나 상당수 국민이 이기적인 모습을 보이는 현실에서 민주적 결정 방식으로는 좋은 사회제도가 탄생하기 어렵다는 비관론이 만만치 않다.

민주정에 대한 회의론은 고대 아테네 시절로 거슬러 올라간다. 아테네에서는 주민이 직접 정치와 행정에 참여하고 중요한 의사결정을 하는 직접민주주의가 보편화되어 있었다. 그러나 이에 대해 플라톤은 중우정치라고 비판하였다. 시민 각자가 이성적인 판단력을 발휘하지 못하는 현실에서 민주정을 실시하면 결국 정치는 수준 낮은 인기에 편승하게 되고 사회 전체의 공익이 아닌 다수 집단의 사익을 추구하는 정치로 타락한다는 것이다. 그래서 플라톤은 생산자(농민 등), 수호자(군인), 통치자(철인 왕)로 이루어진 국가를 이상으로 제시하면서 훌륭한 철인의 독재가 바람직하다고 하였다. 한편, 아리스토텔레스는 민주주의를 긍정하면서도 타락한 아테네의 민주정치에 한계를 느껴 중산층 정치라는 새로운 국가론을 내세웠다. 가난하지도 부유하지도 않아 적어도 생계를 떠나서 옳고 그름을 분별할 수 있는 중산층이 정치를 주도해야 한다는 것이다.

오늘날의 민주사회에서도 이런 비판에 공감하는 사람이 적지 않다. 선거를 통해 대통령과 국회의원을 뽑아왔지만 이들이 국민의 의사를 대변하지 못할 뿐 아니라 심지어는 자질조차도 너무나 부족한 인물임이 드러나는 경우가 많았다. 또 대표자를 통하지 않고 직접 민주정 방식을 취하더라도 님비 현상에서 보듯이 대중의 얄팍한 이기주의가 지배할 것으로 보는 사람이 적지 않다. 더구나 언론이 대중의 의식에 큰 영향을 주는 현대사회에서, 언론의 공정성과 전문성을 보장할 수 없기 때문에 이런 문제가 더욱 악화된다고도 한다. 그렇다면 민주정을 포기해야 하나? 민주적 방식으로 좋은 사회제도에 합의할 수 없을까? 이 질문에 답을 구해보자.

이를 위해 우선, 사회제도를 분류한다. 사회제도는 사람 간의 관계가 차등적인 경우와 대등한 경우로 나눌 수 있다. 모든 인간이 평등하게 존엄하다고 전제하는 민주사회에서 차등적인 관계가 공인되는 예로는 공직자에게 공권력을 부여하는 경우, 조직 내에서 상관에게 하급자보다 더 많은 권한을 부여하는 경우 등이 있다. 우리는 관계가 대등한 경우의 사회제도를 다루려고 하지만, 차등적 관계에 관한 제도도 매우 중요하다. 공직자와 상관이 권한을 남용하여 횡포를 부린다면 약자인 상대방의 인간적 존엄과 가치가 크게 손상될 수 있다. 민주주의의 역사는 국가의 횡포를 막아 국민의 인권을 보호하기 위한 투쟁의 역사였고 그동안 많은 사람이 피를 흘린 덕에 지금은 대다수 국가에서 국가에 대한 통제장치가 법제화되어 있다. 조직 내의 상하관계에 대해서도 권한과 책임을 명시하는 명문 규정을 두는 경우가 많다. 그러나 안타깝게도 현실에서는 제대로 작동하지 않는 사례가 적지 않으므로, 권한의 남용을 막는 견제장치가 반드시 필요하다.

이 정도로 해두고 이제부터는 대등한 사람 사이에 적용할 사회제도에 초점을 맞춘다. 사회제도는 이기형, 균형형, 이타형 제도로 분류할 수 있다. 이기형 제도는 이기적 행동 즉 타인에게 손해를 끼치면서까지 자신의 이익을 추구하는 행동을 용인하는 제도이고, 이타형 제도는 이타적 행동, 즉 어려운 처지의

[표 1.1] 사회제도의 유형

제도	특징
이기형	이기적 행동을 용인하는 제도
균형형	누구에게도 손해가 되지 않도록 하는 제도
이타형	어려운 처지의 타인을 위해 양보하도록 하는 제도

타인을 위해 양보하도록 하는 제도이다. 균형형 제도는 두 제도의 중간, 즉 누구에게도 손해가 되지 않도록 하는 제도이다. 균형형 제도는 역지사지易地思之, 즉 누구든 다른 사람과 처지를 바꾸어 생각해도, 유불리가 없고 따라서 아무도 억울하지 않도록 하는 제도이다. 정리하면 [표 1.1]과 같다.

성향별·계층별 지지 제도

이어서 사회제도의 결정 주체이자 적용 대상이기도 한 주민의 사회적 본성이 어떤지를 추정해보기로 한다. 사회적 본성이란 대인관계에 관한 본성을 말한다. 사회적 본성은 오랜 진화 과정을 거치면서 인간의 유전자에 내재되어 있겠지만 우리는 행동으로 나타나는 모습을 통해 본성을 추정하게 된다. 바깥으로 드러나는 관찰된 본성을 성향이라고 부르기로 한다.

사회적 성향은 자신과 타인 중 누구의 이익을 우선하는가를 기준으로 이기·균형·이타 성향으로 구분할 수 있다. 타인에게 손해를 끼치더라도 자신의 이익을 우선하는 사람은 이기 성향, 타인을 위해 자신의 손해를 감수할 수 있는 사람은 이타 성향, 자신이든 타인이든 서로 손해가 없도록 행동하는 사람을 균형 성향을 가진 사람으로 정의한다. 인간의 사회적 성향을 정리하면 [표 1.2]와 같다.

여기서 한 가지를 언급해 두고 싶다. 생물로서 인간은 자기 보존 본능을 가지기 마련이다. 그래서 주변에서 일어나는 현상이 자신에게 어떤 영향을 미칠지에 관심을 두게 되고 특히 위기 상황에서는 자신의 안위를 우선적으로 돌보게 된다. 이러한 자기중심적 특성을 이기적이라고 표현한다면 인간을 포함한 모든 생물은 이기적일 수밖에 없다. 그러므로 성향 구분이 의미를 가지려면 비상시가 아닌 일상적인 상황에서 자기 보존을 포함한 자신의 목적을 달성하기 위해 타인과의 관계에서 어떤 태도로 임하는지에 따라 구분해야 한다. 그래서 타인에게 '손해를 끼치더라도' 자신의 이익을 추구하는 사람만을 이기적 주민으

[표 1.2] 사회적 성향의 유형

성향	특징
이기	타인에게 손해를 끼치더라도 자신의 이익을 우선
균형	자신이든 타인이든 서로 손해가 없도록
이타	타인을 위해 손해를 감수

로 분류한다.

그럼 각 성향의 주민이 어떤 비율로 구성되어 있을까? 성향 구성비는 시대와 장소에 따라 다를 것이다. 뿐만 아니라 같은 사람도 사회 환경과 자신이 처한 구체적 상황에 따라 다르게 행동하는 경우가 적지 않을 것이다. 또 이미 어떤 제도가 존재하고 있다면 그에 적응하는 행동을 보일 가능성이 높아진다. 예를 들어, 절도를 벌하는 균형형 제도에 적응하여 살던 사람은 자신의 본성과 관계없이 절도를 삼가는 균형적인 행동을 많이 보일 것이다. 또 자신이 관계를 맺는 상대방이 가족이나 친구 등 자주 대면하는 사람인지 다시 만날 가능성이 없는 사람인지에 따라서도 행동이 달라질 것이다. 그러므로 단순히 현재 우리가 관찰하는 주변 사람들의 행동만으로 성향을 판단해서는 안 된다는 어려움이 있다. 그렇더라도 우리가 관찰해온 인간의 행동을 바탕으로 하면서 특수한 사회 환경과 상황에 의한 영향을 감안하여 추정하는 수밖에 없다. 각 성향의 주민 구성 비율은 사람마다 다르게 추정하겠지만, 일단 이기·균형·이타 성향 주민의 비율을 50:30:20으로 가정하고 그 결과가 어떻게 될지 보기로 한다.

민주적 방식을 통해서 어떤 제도가 선택될지를 추정하려면 주민의 계층을 나눌 필요가 있다. 주민이 지지하는 사회제도는 자신의 소속 계층에 따라, 아니 더 정확하게는 자신의 소속 계층에 대한 인식에 따라 다를 것이기 때문이다. 각자 인식하는 자신의 소속 계층을 강자, 중간층, 약자로 구분해보자. 그러면 성향과 계층에 따라 지지하는 제도를 예상할 수 있다.

이기 성향의 주민은 남을 배려하지 않고 자신에게 유리한 제도를 지지한다. 그래서 이기적 주민 중 강자는 남에게 손해를 끼쳐도 제재를 당하지 않는 제도가 자신에게 유리하므로 이기형 제도를 지지할 것이다. 반면에 이기적 주민 중 약자는 남의 도움을 받을 수 있도록 복지제도와 같은 이타형 제도를 지지할 것이다. 중간층은 이기형 제도에서는 강자의 침해를 받을 염려가 있고 이타형 제도에서는 원치 않게 약자를 도와야 할 가능성이 있으므로 균형형 제도를 지지할 것이다.

균형 성향의 주민은 원칙적으로 자신의 성향에 맞는 균형형 제도를 선호하겠지만, 그중 약자는 눈앞의 사정이 어려운 만큼 부득이 자신의 성향과는 다르더라도 이타형 제도를 희망하는 경우도 꽤 있을 것이다. 이타 성향의 주민은 원칙적으로는 자신의 성향에 맞는 이타형 제도를 선호할 것이다. 그러나 이들은 타인에 대한 배려심이 많기 때문에, 다른 성향을 가진 주민에게 이타형 제도를 강요하는 것은 지나치므로 적어도 균형형 제도라면 지지할 용의를 가진 사람도 더러 있을 것이다. 다만, 아무리 배려심이 많아도 타인에게 손해를 입히는 행위를 허용하는 이기형 제도를 지지하지는 않을 것이다.

이런 예상을 정리하면 [표 1.3]과 같다.

[표 1.3] 주민의 성향과 계층 인식에 따른 지지 제도

<table>
<tr><th>성향 / 계층 인식</th><th>이기 성향</th><th>균형 성향</th><th>이타 성향</th></tr>
<tr><td>강자</td><td>이기형</td><td rowspan="2">균형형</td><td rowspan="3">이타형+균형형</td></tr>
<tr><td>중간층</td><td>균형형</td></tr>
<tr><td>약자</td><td>이타형</td><td>균형형+이타형</td></tr>
</table>

각 제도에 대한 구체적인 지지 비율은 주민의 성향 및 계층 구성비에 의해 정해질 것이다. 앞에서 성향 구성비는 일단 50:30:20라고 가정하였으므로, 이제 계층 구성비를 추가하면 된다. 계층을 강자, 중간층, 약자로 나눌 때 그 비율이 단순히 1:1:1이 되지는 않을 것이다. 앞에서 실제 소속 계층보다 소속 계층에 대한 인식이 중요하다고 하였는데, 자신을 강자라고 인식하는 비율은 3분의 1보다 작을 것으로 예상된다. 일단 강자를 20%라고 해두자. 나머지 80%는 중간층과 약자가 반씩 즉 각 40%씩이라고 가정한다. 또 동일 집단의 지지 제도가 둘 이상일 경우에는 단순히 같은 비율로 나누어진다고 가정한다.

균형형 제도 지지율이 가장 높다

이런 가정에 따라 각 제도에 대한 지지율을 추정하면 [표 1.4]와 같다.*

---

* 주민의 성향과 계층 비율을 입력하면 제도 지지율을 계산하는 엑셀 파일이 인터넷포털 '다음' 카페 〈지공주의 연구실〉의 자료실에 "성향/계층에 따른 제도 지지율 계산"이라는 제목으로 게시되어 있다. 누구나 내려받아 계산해볼 수 있다.

[표 1.4] 제도 유형별 지지율 예상치 1 (단위: %)

계층	제도 유형	이기 성향	균형 성향	이타 성향	지지율 합계
강자	이기형	10	0	0	10
	균형형	0	6	2	8
	이타형	0	0	2	2
	소계	10	6	4	20
중간층	이기형	0	0	0	0
	균형형	20	12	4	36
	이타형	0	0	4	4
	소계	20	12	8	40
약자	이기형	0	0	0	0
	균형형	0	6	4	10
	이타형	20	6	4	30
	소계	20	12	8	40
합계		50	30	20	100

* 이기 성향 : 균형 성향 : 이타 성향 = 50 : 30 : 20일 경우

앞의 표에서 제도 유형별로 지지율을 합산하면 이기형, 균형형, 이타형이 각각 10%, 54%, 36%가 된다. 이기형 제도를 지지하는 사람이 많지 않은 가운데 과반수가 균형형 제도를 그리고 3분의 1 정도가 이타형 제도를 지지한다는 것이다. 이는 이기적 주민이 50%를 차지하는 경우에도 이기형 제도를 지지하는 사람은 많지 않고 균형형 제도를 지지하는 주민이 가장 많다는 뜻이다. 민주정에 대한 회의론에도 불구하고 이런 결과에서 희망을 볼 수 있다.

이기적 주민의 비율이 매우 높으면 어떻게 될지 궁금해 하는 독자를 위해 성향별 구성비를 70:20:10으로 바꾸어 계산해보면 [표 1.5]와 같은 결과를 얻게 된다.

이 표에서 제도 유형별로 지지율을 합산하면 이기형, 균형형, 이타형이 각각 14%, 49%, 37%가 된다. 이처럼 이기 성향 주민이 70%나 되는 경우에도 이기형 제도 지지율은 매우 낮고 균형형 제도 지지율이 가장 높음을 알 수 있다.

이기 성향 주민이 많고 또 모든 주민이 자신이 소속한 계층을 의식하여 선택하는데도 이기형 제도 지지율이 얼마 되지 않는다는 결과는 매우 인상적이다. 그러나 다시 생각해보면 이 결과가 이상할 것도 없다. 이기형 제도를 지지하는 비율은 전체 주민 중 이기적이면서 동시에 강자인 비율과 같다. 그런데 자신

[표 1.5] 제도 유형별 지지율 예상치 2 (단위: %)

계층	제도 유형	이기 성향	균형 성향	이타 성향	지지율 합계
강자	이기형	14	0	0	14
	균형형	0	4	1	5
	이타형	0	0	1	1
	소계	14	4	2	20
중간층	이기형	0	0	0	0
	균형형	28	8	2	38
	이타형	0	0	2	2
	소계	28	8	4	40
약자	이기형	0	0	0	0
	균형형	0	4	2	6
	이타형	28	4	2	6
	소계	28	8	4	40
합계		70	20	10	100

* 이기 성향 : 균형 성향 : 이타 성향 = 70 : 20 : 10일 경우

을 강자라고 생각하는 주민 비율은 아무리 많아도 50%를 넘지 않는다. 자신과 힘이 비슷한 사람이 주민 중 반이 넘는다면 자신이 강자가 아니라는 말과 같으니까. 그러므로 이기 성향의 주민만으로 구성된 사회라고 해도 이기형 제도 지지율이 50%를 넘을 수가 없고, 성향이 다른 주민도 섞여 있는 사회에서 지지율은 더 낮을 수밖에 없다.

우리는 인간의 이기적 본성이 적나라하게 드러나는 비열한 현실을 겪으면서, 국민의 합의를 국정에 반영하는 민주정에 기대를 걸지 않는 경우가 많다. 그러나 이와 같은 시뮬레이션 결과로 볼 때 민주적 방식의 주민 합의를 통해서 적어도 약육강식형 이기형 제도를 채택할 가능성은 없다는 희망을 갖게 된다.

참고로, 아리스토텔레스의 제안처럼 중간층이 사회제도 결정권을 독점한다면 어떤 결과가 나올까? 중간층의 이기, 균형, 이타 성향 비율이 50:30:20이라면 이기형, 균형형, 이타형 제도 지지 비율은 0:90:10이 된다. 각 성향 비율이 70:20:10이라면 각 제도 지지율은 0:95:5가 된다. 균형형 제도 지지율이 압도적으로 높음을 알 수 있다. 아리스토텔레스가 이런 결과를 예상했던 걸까?

2. 정의로운 사회제도

정의의 핵심은 균형

주민의 지지도가 가장 높은 균형형 제도를 좀 더 상세하게 검토해보기로 한다. 균형형 제도의 내용이 분명해지면 그보다 자신의 이익을 더 앞세우는 행동을 허용하는 제도는 이기형, 그보다 타인을 더 배려하도록 하는 제도는 이타형으로 자연히 구분될 것이다.

앞에서 균형형 제도를 "누구에게도 손해가 되지 않도록 하는 제도"라고 하였는데, 많은 사람의 관심사인 분배 문제를 예로 들어 생각해본다. 결과를 낳는 원인에는 원인 제공자가 특정되는 경우와 그렇지 않은 경우가 있다. 원인 제공자가 특정되는 경우는 다시 농사처럼 상대방이 없는 일방행위와 거래처럼 대칭적 상대방이 존재하는 쌍방행위로 나눌 수 있고, 또한 원

[표 1.6] 균형형 제도의 분배원칙

원인의 유형		결과 귀속 방식
원인자 특정	일방 행위	(응보) 원인 제공자에게 귀속
	쌍방 행위	(등가) 상호 대등한 반대급부 교환
	원인자 다수	(비례) 원인에 비례하여 결과 귀속
원인자 없거나 불특정		(공유) 주민에게 공동 귀속

인 제공자가 한 사람인 경우와 여러 사람인 경우로 나눌 수도 있다.

원인 제공자가 특정되는 경우에 누구에게도 손해가 되지 않도록 하려면 어떻게 해야 할까? 첫째로, 일방행위가 원인이 되어 결과가 발생하는 경우에는 원인 제공자에게 결과를 귀속시키면 된다. 응보 즉 씨 뿌린 자가 거두도록 하는 것이다. 둘째로,

두 당사자가 서로 주고받는 쌍방행위의 경우에는 교환되는 것의 가치가 대등하게 하면 된다. 셋째로, 원인 제공자가 다수일 경우에는 원인 제공 정도에 비례하여 결과를 귀속시키면 된다.

한편, 원인 제공자가 없거나 특정되지 않는 경우도 있다. 결과가 인간의 행위와는 무관하게 자연에 의해 발생하는 경우, 불특정 다수의 집합체인 사회에 의해 형성되는 경우, 공공을 대표하는 정부가 조성하는 경우 등이 있다. 이때는 결과를 주민 모두의 공유로 하면 될 것이다.

이를 정리하면 [표 1.6]과 같이 균형형 제도에 부합하는 분배원칙이 성립한다.

분배원칙의 공통점은 원인과 결과 간 그리고 주민 간의 '균형'이다. 그런 의미에서 균형형 제도는 정의로운 제도라고 할 수 있다. [그림 1.1]에서 보듯이 그리스 신화에 나오는 정의의 여신 디케Dike는 두 눈을 가린 채 한 손에는 저울을 들고 다른 손에는 칼을 쥐고 있다. 저울이 한쪽으로 기울면 당사자가 누구인지를 가리지 않고 가차 없이 칼로 베어 균형을 맞춘다는 것이다. 저울은 균형의 상징이다. 앞으로는 균형형 제도에 부합하는 상태를 '정의'라고 부르기로 한다.

[그림 1.1] 정의의 여신 디케

정의로운 소득 분배

분배에는 소득 같은 이익의 분배도 있고 처벌이나 손실 같은 불이익의 분배도 있지만 일단은 이익, 그중에서도 이해가 쉬운 소득에 대해 생각해보자. 다만, 소득을 검토하여 얻은 결론이 소득 이외의 다른 이익과 불이익에도 일관성 있게 적용될 수 있는지도 따져보아야 한다.

소득의 원인에는 노력, 능력, 운이 있다. 예를 들어 시험 성적에는 본인의 노력 외에 평소 실력, 두뇌, 체력과 같은 능력이 작용하고 시험 운도 한몫을 한다. 농사를 짓는다고 해도 본인이 직접 투입한 노력과 경작 능력 외에 날씨와 같은 운이 따른다. 이 중에서 능력은 당사자의 노력에 의해서 형성되는 부분과 선천적 자질 및 생장환경 등 운에 의해서 형성되는 부분으로 구성된다. 즉 능력은 노력과 운의 결과이므로 앞으로는 능력을 빼고 단순하게 노력과 운만 고려하기로 한다.

그 밖에 특권도 소득에 영향을 준다. 특권은 자신의 노력과 운에 비해 남보다 더 유리한 결과를 얻을 수 있는 원인을 말한다. 예를 들어 2점짜리와 3점짜리 골이 있는 농구 시합을 하는데 한 팀에게는 모든 골을 3점으로 인정한다면 그 팀이 특권을 갖게 된다. 또 기울어진 운동장에서 축구 시합을 하는데

한 팀이 경기 내내 높은 쪽에서 공격한다면 그 팀은 특권을 갖는다.

소득은 노력소득과 불로소득으로 나눌 수 있다. 분류를 단순하게 하기 위해, 운이 함께 작용하더라도 노력이 들어 있기만 하면 모두 노력소득으로 부르기로 한다. 한편, 불로소득의 원인에는 노력과 무관하게 작용하는 운도 있고 특권도 있다.

이런 소득의 원인과 결과를 도식화하면 [그림 1.2]와 같다.

여기서 운과 특권을 좀 더 분명하게 구분해둘 필요가 있다. 인생살이에는 인간이 어쩔 수 없는 요인이 작용하는데 이것이 운이다. 운은 당사자나 사회의 의도 또는 희망과 무관하게 우연히 발생하는 원인이다. 인간이 통제할 수 없으며, 한 사람의 운이 다른 사람의 운에 영향을 주지도 않는다. 반면, 특권은 운과 두 가지 점에서 다르다. 한 가지는, 특권은 사회가 만든 인위적인 원인이라는 점이다. 또 한 가지는, 특권을 갖지 못한 다른 사람에게 돌아갈 몫을 특권자가 차지하는 원인이라는 점이다. 예를 들어 남성이 우대받는 사회에서 성별은 운에 의해 결정되지만 남성의 특권은 사회가 만든 것이며, 남성이 특권이익을 누린다면 여성은 그만큼 차별과 배제라는 불이익을 당하게 된다.

그러면 노력, 운, 특권 중에서 균형형 제도와 어울리는 원인과 어울리지 않는 원인은 어느 것일까? 균형형 제도는 인간의

[그림 1.2] 소득의 원인과 결과

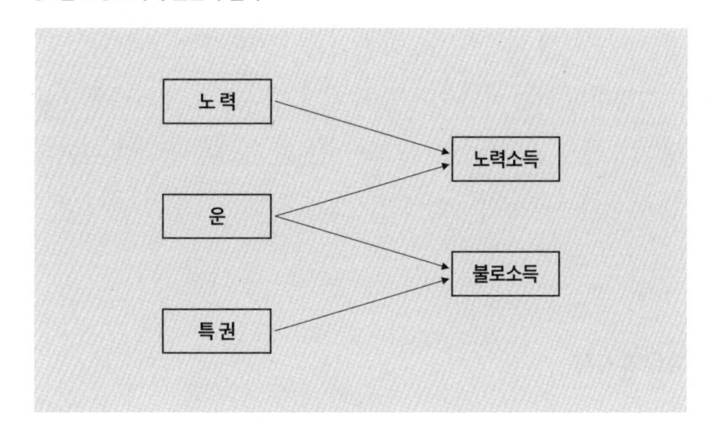

평등을 전제하면서 누구도 손해 보는 일이 없도록 해주는 제도이므로, 적어도 자신의 심신을 활용하여 무언가를 만들어 내는 행위인 노력은 정당하고 다른 사람의 몫을 가로채는 특권은 부당하다는 데 모두 동의할 것이다. 그러나 사람이 어쩔 수 없는 원인인 운에 대한 판단은 성향이나 세계관에 따라 다를 것이다. 개인의 자유를 가장 폭넓게 존중하는 자유주의 입장에서는, 운에 의해 결과적으로 사람 간에 차등이 생길 수는 있지만 운이란 사람에게 그저 주어질 뿐 한 사람의 운이 타인의 운의 발생에 영향을 주지도 않고 타인의 몫을 가로채지도 않으므로 균형형 제도와 모순되지는 않는다고 볼 것이다. 반면 공동체를 중시하고 평등을 지향하는 입장에서는 노력과 무관한 운으로 인한 불평등은 균형형 제도와 어울리지 않는다고 생각할 것이다.

그렇다면 의견 차가 있는 운은 일단 제쳐 두고, 정의로운 균형형 제도에서 노력은 정당한 원인이지만 특권은 정당한 원인이 될 수 없다는 공통된 합의에만 기초를 두고 논의를 계속해보자.

특권의 사례

우리 사회에 존재하는 특권을 분류하고 그 구체적인 사례를 보면 균형형 제도를 더 잘 이해할 수 있다. 먼저, 특권의 취득을 제약하는 사정에 따라 특권을 분류해보면, 성별처럼 자연적으로 취득이 제약되어 있는 경우도 있고 학벌처럼 사회경제적 사정으로 인해 취득이 어려운 경우도 있다. 또 공인 여부에 따라 분류해보면 사회가 공익의 관점에서 의도적으로 인정하는 특권도 있고 의도와는 무관하게 관습이나 관행에 의해 형성된 비공인 특권도 있다. 이런 기준으로 특권을 분류하고 각 유형의 대표적인 사례를 예시해보면 [표 1.7]과 같다.

공인된 특권 중 비특권자의 진입에 자연적 제약이 존재하는 특권인 유형 A의 대표적인 예는 토지사유제 사회의 토지소유

[표 1.7] 특권의 분류와 예시

제약 / 공인 여부	자연적 제약	사회경제적 제약
공인	**A** **토지소유권, 탄소배출권**	**B** **(일부) 면허, 특허**
비공인	**C** **남성특권, 인종특권**	**D** **학벌특권, 정규직특권**

권이다. 토지의 위치와 면적은 자연에 의해 한정되어 있는데 누군가 특정 토지의 소유권을 취득하면 다른 사람의 취득 기회는 그만큼 줄어들기 때문이다. 지구온난화의 주범으로 알려진 탄소를 배출할 수 있는 권리도 여기에 속한다. 환경에는 오염을 허용할 수 있는 자연적 한도가 존재하는 가운데 탄소배출권은 그 한도 내에서 탄소를 배출할 수 있도록 공인하는 권리라는 점에서 토지소유권과 다르지 않다. 그 밖에도 사람이 생산할 수 없는 천연자원을 채취할 권리를 특정인에게 설정한다면 이 역시 토지소유권과 동일한 성격의 특권이다.

유형 B는 사회가 공인하지만 비특권자의 진입에 사회경제적 제약이 존재하는 특권이다. 가장 쉬운 예로는 봉건시대의 신분 특권을 들 수 있다. 또 일부 면허, 특허 등도 예로 들 수 있다. 면허는 토지와 달리 그 총량이 물리적으로 고정되어 있는 것은 아니지만 아무에게나 면허를 준다면 제도의 의미가 없어진다. 토지사유제처럼 합당한 이유가 있다면 면허제도 자체가 부당한 것은 아니다. 다만 그로 인해 자신의 노력과 기여에 비해 더 많은 소득을 얻는다면 면허가 특권이 된다.

많은 학부모가 자녀의 진로로 의사를 선망하고 있는데 의사 면허에서 특권이익이 발생한다고 보기 때문이 아닐까? 특권이익이 없다면 의사가 지금과 같은 인기 직종이 되지 않을 것이다. 물론 의사의 소득이 다른 직종보다 높다고 해서 의사 면허가 곧 특권이 되는 것은 아니다. 의료행위가 다른 직종에 비해 노력이 더 필요하고 사회적 기여가 더 많다면 의사의 소득이 높은 게 당연하다. 노력과 기여의 대가를 취하는 것이 바로 균형형 제도이기 때문이다. 그러나 단지 면허가 있다는 이유로 노력이나 기여에 비해 수입이 많다면 의사 면허가 특권이 되고 그 초과수입은 특권이익이 된다. 이 점은 특허의 경우도 동일하다.

사회가 공인하지 않지만 현실적으로 존재하는 특권도 많다. 유형 C는 비공인특권 중 자연적 제약이 작용하는 유형이다. 본인의 선택과 무관하게 자연에 의해 주어지는 성별이나 인종에 따른 특권이 대표적인 예이다. 남성 우대 사회의 남성특권, 유색인종에 대한 차별이 존재하는 미국 같은 사회의 백인특권이 여기에 속한다.

유형 D에 속하는 특권도 매우 많다. 우리 생활과 가까운 예로 학벌특권이 있다. 소위 명문대학 졸업자가 같은 능력을 가진 다른 사람보다 인생살이에서 유리하다면 학벌은 특권이 된다. 이런 사회에서는 서로 좋은 학벌을 취득하려고 하지만 그런 학벌을 쌓을 수 있는 교육기관의 시설과 정원은 한정되어 있다. 토지와 같은 물리적 제약이 있는 것은 아니지만 시설과 정원을 대폭 늘리기 어렵다는 사회적 제약이 존재한다는 것이다. 경력특권도 비슷하다. 고위 공직 등 좋은 경력을 쌓은 사람이 사외이사나 로비스트가 되어 능력 아닌 인맥과 연고를 동원하여 영향력을 행사하는 경우가 있다. 이런 영향력이 먹히는 사회에서는 좋은 경력도 특권이 된다. 그런데 경력을 쌓을 기회에도 학벌처럼 사회적 제약이 존재한다.

그 밖에도 유형 D의 사례는 많다. 대기업이 중소기업에, 또는 강자가 약자에게 '갑질'을 부려 이익을 취한다면 갑의 특권도 유형 D의 예가 된다. 정규직특권도 이 유형에 속한다. 시장원리에 따르면 신분이 불안정한 비정규직은 정규직과 동일한 일을 하더라도 불안정에 대한 보상으로 보수를 더 받아야 한다. 그런데도 오히려 정규직이 비정규직보다 우대 받는 현실은 정규직특권이 존재한다는 증거이다. 수도권특권도 있다. 서울중심주의로 인해 한국에서 수도권 주민이 지방 주민보다 유리하다는 사실은 새삼스러운 일이 아니다. 지방 주민 중에 장관이 되는 일이 거의 없다는 사실만 보더라도 수도권특권이 존재함을 알 수 있다.

특권이 존재하더라도 누구나 쉽게 취득할 수 있다면 특권이익이 금방 해소될 것이므로 사회문제가 되지 않는다. 그래서 상당수 주류 경제학자는 시장에 맡겨두면 특권 문제가 해소될 것으로 낙관하는 편이다. 그러나 현실은 그리 만만치 않다. 특권이 많이 존재하고 또 잘 해소되지 않는 이유를 이해하기 위해 특권이 발생하는 대표적인 경우를 세 가지만 들어 보자. 첫째로, 공급제약형 특권이 있다. 공급이 고정되어 있거나 그에 준하는 정도로 비탄력적이어서 누군가 일부를 차지하면 다른 사람이 그만큼 배제될 수밖에 없는 경우에 발생하는 특권이다. A 유형에 속하는 토지소유권, 탄소배출권, 자원채취권이 이런 예가 된다. 둘째로, 권력형 특권이 있다. 공권력이나 경제 권력이 작용하여 시장의 자유로운 경쟁을 제약함으로써 발생하는 특권이다. 봉건시대의 신분특권이나 현대의 갑질특권, 정규직특권 등이 여기에 해당된다. 최고경영자CEO 등 기업 고위직의 보수가 턱없이 높은 것도 이들이 가지는 경제 권력 때문이라는 연구 결과도 있다. 셋째로, 편견형 특권이 있다. 사회적 편견이 시장작용을 왜곡하여 발생하는 특권이다. 유형 C에 속하는 남성특권, 인종특권이 대표적인 예이다. 둘 이상의 이유가 함께 작용하는 경우도 있다. 예를 들면 학벌특권은 특정 학벌을 우대하는 사회적 편견이 존재하는 사회에서 좋은 학벌을 얻을 수 있는 학교 정원이 제한되어 있어 생긴다. 즉 학벌특권은 공급 제약과 편견이 같이 작용하여 생기는 특권이다. 또한 좋은 학벌을 공유하는 사람들이 사회경제의 결정권을 독과점하여 더욱 유리한 결과를 차지한다면 권력형 특권이 되기도 한다.

한편, 특권처럼 보이거나 특권이라고 불리기는 하지만 균형형 제도에 위배되지 않는 것도 있다. 모든 인간이 평등하게 존엄하다고 전제하더라도 공직자가 일반 국민보다 그리고 조직의 상급자가 하급자보다 더 많은 권한을 갖는 경우 또는 특정 업무를 수행하는 사람에게 특별한 지위를 부여하는 경우가 있다. 이런 것은 정상적인 업무 수행을 위해 필요한 한 균형형 제도에 위배되지 않는다.

좋은 예로 국회의원의 특권이 있다. 헌법 제44조에 규정된 국회의원의 불체포특권에 의하면 국회의원은 현행범인 경우를 제외하고는 회기 중 국회의 동의 없이 체포 또는 구금되지 않으며, 국회의원이 회기 전에 체포 또는 구금된 때에는 현행범이 아닌 한 국회의 요구가 있으면 회기 중 석방된다. 또 제45조에는 면책특권도 정하고 있다. 국회의원은 국회에서 직무상 행한 발언과 표결에 관하여 국회 외에서 책임을 지지 않는다. 이것은 우리가 정의한 '특권'임은 분명하지만 국회의원에게 이런 특권을 주는 것은 소신을 가지고 업무를 수행하도록 하기 위해서이다.

또 국가유공자 후손에게 일정한 혜택을 주는 사례도 있다. 수혜자인 후손은 자신의 노력과 운에 비해 남보다 유리한 결과를 얻는다. 그러나 이 역시 국가에 대한 개인의 헌신을 기리고 장려하기 위한 사회적 필요성에 의해 설정하는 것이므로 균형형 제도에서도 도입할 수 있다.

그 외에도, 특권이 이미 존재할 때 이를 시정하는 과정에서 차별 받은 계층에게 일정한 혜택을 주는 경우가 있다. 지역균형 인사 제도를 예로 들어 보자. 균형형 제도가 제대로 확립된 사회라면 수도권특권은 아예 존재하지 않거나 다음에서 제시하는 특권 대책 3원칙에 의해 특권이익이 환수되었을 것이다. 그러나 어떤 이유로든 그렇지 못한 상황이 되었을 경우에, 지역균형 채용을 위해 지방 인재를 우대한다면 지방의 인재가 '특권'

을 갖게 된다. 그러나 이런 경우는 과거 또는 현재의 차별을 교정 또는 보상하자는 것이 정책의 목적이므로 부당한 것은 아니다.

한편, 불운한 주민에게 다른 주민의 정당한 소득을 재원으로 하여 복지 급여를 제공한다면 복지 수급자는 자신이 제공한 원인에 비해 더 많은 이익을 얻는다. 이는 우리가 정의한 '특권'에 해당된다. 이러한 복지는 개미가 베짱이를 먹여 살리는 방식이라고 표현할 수도 있다. 불운한 주민에게 도움을 주지 말아야 한다는 뜻이 아니라 현재 시행되고 있는 복지의 상당 부분은 균형형 제도의 영역에 속하는 정의가 아니라 이타형 제도의 영역에 속하는 자선이라는 것이다.

그러나 혹시 균형형 제도만으로, 즉 특권을 설정하지 않고도 복지의 문제가 해결될 수 있다면 이런 고민이 해소된다. 그게 가능할까? 이 문제는 제3장의 1절(지공주의와 재분배 없는 복지)에서 다루기로 한다.

3. 특권 대책

특권 대책 3원칙

정의로운 제도와 상치되는 특권을 어떻게 해야 할까? 특권이 없는 것이 최선이므로 특권을 가급적 줄여야 한다. 사회가 특권을 공인할 경우에는 철저히 따져서 그런 특권이 공익을 증진한다는 사실을 입증하여야 한다. 앞서 설명한 권력형 특권은 정부가 나서서 반드시 없애야 하고 또 마음만 먹으면 없앨 수 있다. 편견형 특권은 오랜 세월 관습에 의해 형성된 경우가 많아서 정부의 노력만으로는 단기간에 없애기가 쉽지 않지만, 그렇더라도 교육과 사회 캠페인을 통해 줄여나가야 한다. 반면, 공급제약형 특권은 정부가 제약 자체를 없애거나 줄이기가 불가능할 수도 있고 가능하다고 해도 쉽지 않은 경우가 많다.

이런저런 이유로 특권이 존재한다면 최소한 취득 기회라도 균등하게 보장해야 한다. 그러나 그 정도로는 충분하지 않다. 특권에서 이익이 발생하게 되고 특권이익이 누적되면 부당한 불평등이 발생하게 된다. 앞의 [표 1.6]에서, 원인자가 특정되지 않은 경우에는 결과를 공유하는 것이 균형형 제도라고 했으니 특권이익도 환수하여 공평하게 처리해야 한다.

이를 정리하면 균형형 제도에서는 다음과 같은 특권 대책 3원칙이 필요하다.

— 첫째로, 꼭 필요한 최소한도의 특권만 인정한다.

— 둘째로, 특권 취득 기회를 균등하게 보장한다.

— 셋째로, 특권이익을 환수하여 공평하게 처리한다.

3원칙에 대한 반론

이런 특권 대책 3원칙에 대한 반론도 있다. 정부 개입에 소극적인 시장주의, 신자유주의 쪽의 반론이 많다. 특권을 더 잘 이해하기 위해서는 반론에 대해 충분히 검토하는 게 좋겠다.

반론은 대체로 두 가지로 정리할 수 있다. 첫째로, 특권 취득 기회를 균등하게 보장한다면 대책 중 특권이익 환수 원칙을 굳이 둘 필요가 없다는 반론이다. 하지만 취득 과정이 공정하기만 하면 어떤 대상이든 취득할 수 있을까? 그런 반론을 펴는 사람이라고 해도 반상제도나 노예제도처럼 인간을 신분으로 나누어 차별하는 제도가 정당하다고 생각하지는 않을 것이다. 200여 년 전만 해도 신분제도를 당연하게 여긴 사람이 적지 않았다. 미국에서 남북전쟁이 끝나기 전까지는 노예제도를 옹호하는 각종 주장이 많았다. 그러나 오늘날에는 그런 제도를 공개적으로 옹호하는 사람은 없다. 그럼 출생 후 어느 시점에 무작위 추첨으로 신분을 결정한다면 신분제도가 정당하게 되나? 또 신분 취득을 위한 시합이 매년 열리고 노력을 통해 이 시합에서 승리하는 사람이 신분을 취득한다면 어떨까? 공정한 추첨 또는 시합을 거치더라도 정당하지 않은 신분제도 자체의 성격이 바뀌는 것은 아니다.

그래도 다른 반론이 제기될 수 있다. 한국에서 매우 민감한 문제인 학벌특권을 예로 들어 보자. 좋은 학벌을 쌓으면 노력과 기여 이상의 우대를 받아 인생살이가 쉬워지기 때문에 우리 사회에서는 학벌특권이 모든 국민의 관심사이다. 그래서 학벌특권을 옹호하기 위해 세 가지 반론이 제기된다. 학벌 취득 기회가 균등하다면 학벌특권을 없앨 필요가 없다거나 열심히 공부하여 좋은 대학에 입학한 사람이 학벌특권을 누리는 것은 노력의 결과이므로 정당하다고 생각하는 사람이 있다. 여기에 더해서 학벌특권을 얻기 위해 학생들이 열심히 공부하면 사회 전체의 학력 수준이 높아지므로 학벌특권을 인정하는 것이 나쁘지만은 않다고 하기도 한다.

학벌특권은 장기간 내지 평생 지속되는 특권이므로 신분특권과 사실상 다를 게 없다. 취득 기회가 아무리 균등한들 신분특권 자체의 부당성이 치유되지 않는 것처럼 학벌특권도 마찬가지다. 또 노력해서 취득한다면 특권도 정당하다는 반론에 대해서는 모든 노력이 정당한 것이 아니라 무엇을 위한 노력인가에 따라 다르다는 점을 생각해야 한다. 도둑질을 하는 데 노력이 많이 든다고 해서 도둑질이 정당한 것은 아니다. 타인에게 손해를 끼치는 특권을 차지하기 위한 노력은 정당한 노력이 아니다. 특권이 이미 존재하는 사회에서 개인이 특권을 취득하기 위해 노력했을 경우에 그 개인의 의지와 노력을 칭찬할 수는 있다. 또 사회가 특권을 상당 기간 공인 또는 용인해오다가 제도를 변경할 경우에 노력을 통해 취득한 특권을 상실하게 될 사람에게 보상할 수도 있다. 노예제도를 철폐할 때도 노예주에 대한 보상이 필요하다는 의견이 적지 않았다. 미국에서는 남북전쟁을 통해 보상 없이 노예제도를 철폐한 반면, 영국이 서인도제도의 노예제도를 철폐할 때는 소유자에게 보상한 역사적 사례도 있다. 그러나 개인적 칭찬이나 보상 문제는 특권 자체의 정당성 여부와는 별개이다.

특권 취득 노력의 사회적 기여?

특권 대책에 대한 반론 중 마지막으로, 특권을 취득하기 위한 노력이 사회에 도움이 될 수 있다는 주장도 있다. 이는 정의가 아니라 사회적 효용 내지 공리를 기준으로 하는 판단이다. 사회제도를 설계할 때는 정의만이 아니라 효용도 고려해야 하니까, 사회의 이익이 매우 크다면 피해자에 대한 보상을 조건으로 하여 특권적 제도에 합의할 수도 있다. 그러나 효용의 측면에서 보더라도 특권 취득을 위한 노력이 사회에 도움이 되는 경우는 거의 없다. 학벌특권을 취득하기 위해 학생들이 공부를 열심히 한다고 해서 진정한 학력이 높아진다고 하기 어려울 뿐 아니라, 입시 공부에만 매달리다 보면 인간적 성장을 위해 학생 시절에 놓치지 말고 해야 할 일을 희생하게 된다. 이처럼 학생들의 공부를 독려할 필요가 있다면 학벌특권이 아닌 다른 인센티브를 주는 것이 옳다.

특권 취득 노력이 사회에 도움이 되는지에 대해서는 경제학에서 많은 연구가 있다. 특권이익을 얻기 위한 행위를 '지대추구'rent-seeking라고 부르는데 여기서 '지대'는 토지 지대만이 아니라 특권이익 전반을 의미한다. 이들 연구에 따르면 지대는 사회의 생산이 증가하여 생기는 것이 아니라 단지 부의 이전에 의해 생기며, 따라서 지대 취득을 위한 경쟁에 투입되는 비용은 사회의 관점에서는 낭비일 뿐이다.

지대추구에 관한 연구에서는 주로 지대추구 비용의 낭비성에 초점을 맞추고 있지만, 특권적 제도는 그 자체로 완전경쟁시장의 조건을 충족시키지 못한다는 사실도 중요하다. 특권자와 비특권자로 나뉜 시장에서는 참가자의 노력과 기여에 비례하는 대가가 돌아가지 않기 때문에 완전경쟁시장에서 가정하는 대등하고 자유로운 경쟁이 이루어지지 않는다. 그러므로 경제효율을 위해서도 특권 대책 3원칙이 필요하다.

그럼 토지특권은 어떨까? 토지특권도 학벌특권과 다를 바 없다. 완전경쟁시장에서는 토지특권의 이익 즉 토지 불로소득이 0이다. 모든 미래 지대가 매입지가에 반영되기 때문이다. 그러므로 최초의 토지소유자를 제외하고는 토지소유권에서 특권이익이 생기지 않으며, 특권 대책 중 세 번째 원칙을 적용해도 환수할 것이 없다. 그러나 현실 토지시장은 불완전하여 단지 토지소유자라는 이유만으로 불로소득을 얻는 경우가 많다. 이런 불완전한 시장에서는 당연히 세 번째 원칙을 적용하여 특권이익을 징수하여야 한다.

그런데 서부 개척의 역사를 가진 미국에는 "목숨을 걸고 토지를 쟁취한 자가 토지를 소유하는 게 뭐 이상한가?"와 같은 감정적 반응도 있다. 심지어 뛰어난 학자까지도 이런 주장을 한 사례가 있다. 미국 학계의 영향을 많이 받은 한국의 학계도 토지특권에 대해 관대한 학자들이 많다. 또 토지를 포함한 부동산이 가계 자산의 큰 부분을 차지하고 있는 현실에서 일반 국민 중에도 토지특권을 유지하고 싶은 정서가 강하기도 하다. 마치 한국의 일류 대학 출신 중에 학벌특권을 당연시하면서 "고생해서 일류 대학에 입학하고 졸업했는데 뭐 잘못되었나?"와 같은 반응을 보이는 것과 같다. 사회적으로 토지나 자원의 개척이 필요하다고 하면 개척자에게 다른 형태로 보상해주자고 할 수는 있다. 국가 유공자에게 훈장이나 혜택을 주는 것과 같다. 그러나 배타적인 사용권, 수익권, 처분권을 영구적으로 행사할 수 있는 권리인 소유권을 개척의 보상으로 부여한다면 타인의 권리를 영구적으로 침해하게 되므로 인간의 평등을 부정하는 결과를 낳는다.

#미투와 평등한 세상

모든 인간이 평등하게 존엄하다는 큰 원칙은 지구상에서 이미 보편화되어 있다. 1948년의 국제연합 세계인권선언 제1조는 "모든 사람은 태어날 때부터 자유로운 존재로 태어났고, 한 사람 한 사람의 존엄과 권리는 모두 똑같다"고 선언하고 제2조에서는 "인종, 피부색, 성… 등에 따른 어떠한 구분도" 없다고 명시하고 있다. 대다수 국가의 헌법에도 이런 평등 조항이 들어 있다.

불평등이 해소되기 어려운 이유

그러나 원칙을 세우고 법제도를 다듬는다고 해도 오래 뿌리내린 불평등은 쉽게 해소되지 않는다. 남녀평등이라는 관점에서 보면 진작 시정되었어야 할 문제가 #미투 운동을 계기로 이제야 터져나오는 데서 보듯이, 구조적 불평등은 쉽게 사라지지 않는다.

불평등 개혁이 어려운 데는 여러 이유가 있다. 불평등 구조의 상위 그룹에 속하는 '갑'은 당연히 변화를 원치 않는다. 하위 그룹에 속하는 '을' 중에서도 기존 구조에 적응하여 나름의 위치를 확보한 경우에는 역시 변화를 원치 않는다. 변화는 불안정을 의미하는데 그 과정에서 자신이 더 불리해질까 염려하기 때문이다. 적응을 못한 '을' 중에도 '사회는 원래 그런 것'이라는 고정관념을 갖고 있는 사람은 자신에게 유리한 변화에도 거부 반응을 보이거나 매우 소극적이 된다. 고정관념이 판단력을 마비시켜 이해관계마저 초월한다. 더구나 기존 관행에 이의를 제기하는 피해자가 소위 '2차 피해'를 입는 사회 풍토가 있을 때 '을'의 #미투는 더 어렵다.

그래서 강고한 불평등 구조를 바꾸는 운동이 점화되려면 용기 있는 소수 선각자의 희생과 헌신이 있어야 하고, 또 운동이 확산되는 과정에서 많은 사람이 피해를 입게 된다. "민주주의는 피를 먹고 자란다"는 말이 생긴 이유이기도 하다. 여성참정권을 예로 들자면, 민주주의 선진국이라고 다들 생각하는 영국과 미국에서도 많은 노력과 희생에 힘입어 1920년대에 겨우 여성이 투표권을 행사하게 되었다. 그 과정에서 남성은 말할 것도 없고 상당수 여성들마저 "여자가 무슨 정치?"라는 부정적인 반응을 보였다는 사실은 잘 알려져 있다.

#미투보다 더 힘든 과제

그 외에도 평등한 사회를 위한 과제는 많다. 본인의 선택과 무관하게 주어지는 지위인 신분, 성별, 인종 등에 의한 차별이 부당하다는 원론에는 상당수 사람들이 동의하기 때문에 #미투는 그나마 공감대를 쉽게 획득한 편이다. 반면 겉으로 선택의 기회가 균등하게 주어진 것으로 보이는 경우에는 사정이 다르다. 그래서 어쩌면 #미투보다 더 힘든 과제가 된다.

예를 들어보자. 성별과는 달리 학벌은 본인의 노력과 능력도 작용하여 결정된다. 따라서 학벌에 따른 차별이 존재하더라도 학벌 취득 기회가 균등하다면 괜찮다고 생각하는 사람이 적지 않다. 누구나 공부 열심히 해서 좋은 대학 가면 된다는 것이다. 또 토지가 인간의 노력과 무관하게 천부된 것이지만 토지를 매입할 기회가 균등하다면 토지 소유자가 불로소득을 얻더라도 괜찮다고 생각하기도 한다. 누구나 투자 전망이 좋은 땅을 매입하면 된다는 것이다. 서울중심주의 때문에 지방 사람이 차별받더라도 서울로 이사할 자유만 균등하게 보장되면 괜찮다는 사람도 있다.

그러나 기울어진 운동장에서 축구를 하면서 어느 쪽으로 공격할지를 추첨에 의해 결정하고 전후반 공격 방향을 바꾸지도 않으면 어떨까? 형식적 기회균등의 관점에서 보면 추첨보다 더 나은 방법도 없지만, 백이면 백, 이런 경기는 당연히 부당하다고 할 것이다. 그 해법은? 운동장을 평평하게 만드는 게 최선이고, 전후반 또는 더 자주 공격 방향을 교대하는 것이 차선이며, 그게 어렵다면 유불리에 따라 가/감점을 주어 양 팀에 실질적 기회균등을 보장해야 한다.

기울어진 운동장 바로잡기

기울어진 운동장에서 좋은 위치를 차지하는 팀이 누리는 지위는 특권이고 그 반대 팀이 겪는 불리한 대우는 차별이다. 신분, 성별, 인종 등에 따른 특권은 당연히 사라져야 한다. 그러나 좀처럼 없애기 어려운 특권, 더 나아가서는 토지소유권처럼 그 나름의 존재 이유가 있어 공인하기까지 하는 특권은 어떻게 해야 할까? 적어도 특권 취득 기회를 균등하게 보장하면서 특권에서 생기는 이익을 환수하여 공평하게 처리해야 한다.

특권이익의 크기는 엄청나다. 이를 재원으로 삼으면 누구나 살맛 나는 세상을 충분히 만들 수 있다. 또 특권이익에 대해서는 누구나 동등한 지분을 갖는다. 그러므로 베짱이도 개미에게 기대지 않고 자기 지분으로 자기 삶을 떳떳하게 보장할 수 있다.

쉬운 과제가 아니라고 비관하는 분도 많겠지만 필자는 희망을 갖고 있다. 전제군주정이 민주정으로 바뀌었고, 노예제가 철폐되었으며, 여성이 참정권을 획득하였듯이 인류 역사는 평등을 향하여 나아가고 있다고 믿는다. 단기간에 이루기 어렵다고 미리 포기하면 아무것도 안 된다. 멀어도 바른 길로!

(『평화뉴스』 2018. 3. 19)

경제 민주화, 상식으로 이해하기

'경제 민주화'는 이제 누구도 외면할 수 없는 화두가 되었다. 유력 대선 후보마다 경제 민주화 공약을 내세운다. 심지어 '줄푸세'라는 방임경제를 지향했던 여당 후보까지 가세하는 걸 보면 시대의 풍향이 달라졌음을 확연히 느끼게 된다. 그러나 경제 민주화가 제대로 될 것이라고 생각하는 국민은 많지 않다.

개념이 모호하면 반개혁 세력에 빌미 준다

그 하나의 이유로 경제 민주화의 개념이 매우 모호하다는 점을 들 수 있다. 개념이 모호하면 반대 세력에게 개혁을 저지할 빌미를 준다. 또 무언가 변화가 있다고 해도 제대로 가는 건지 확인이 안 되기 때문에 동력이 떨어질 수밖에 없다.

흔히 경제 민주화 조항이라고 부르는 헌법 제119조 제2항을 보더라도 경제 민주화를 정의하지 않고 있다. 참고로 조문을 인용해 둔다. "국가는 균형있는 국민경제의 성장 및 안정과 적정한 소득의 분배를 유지하고, 시장의 지배와 경제력의 남용을 방지하며, 경제주체간의 조화를 통한 경제의 민주화를 위하여 경제에 관한 규제와 조정을 할 수 있다."

그런데 정치권도, 경제나 법 전문가도 이걸 속 시원하게 교통정리해 주지 못하고 있다. 어쩌면 정치권, 특히 여권에서는 평등한 출발, 공정한 경쟁, 공평한 분배를 핵심으로 하는 '경제정의'라는 말을 피하고 싶어서, 모호하기도 하고 약해 보이기도 한 '경제 민주화'라는 말을 마지못해 쓰는 게 아닌가 싶기도 하다. 그렇다면 우리라도 상식을 동원하여 그 뜻을 이해해 볼 수밖에.

경제에서도 반독재, 반독점은 필수

민주화란 민주주의에 가까워지는 변화를 의미한다. 우리는 정치 민주주의에 대해서는 비교적 익숙하니까 여기에서 유추해보자. 민주주의에는 절차와 내용의 두 측면이 있다. 우선 절차 면부터 보면, 모든 구성원이 동등한 자격, 충분한 참여, 이성적 토론을 통해 집단적 결정을 하는 것이 민주적 절차다. 그러므로 절차 면에서 민주주의의 최소한은 반독재다.

그렇다면 소수 재벌이나 대기업이 경제 전체의 결정권을 독점하는 것은 비민주적이다. 재벌 내에서도 총수가 절대 권력을 휘두르면서 기업집단을 장악하는 것도 비민주적이다. 경제 민주화의 구체적인 과제로 흔히 거론되는 금산 분리, 출자총액 제한, 순환출자 금지 등은 바로 결정권 독점을 막자는 것이다. 또 기업은 노동과 자본으로 구성되는데, 노동을 제공하는 사원이 배제된 채 자본을 제공하는 주주만 결정권을 가지는 현행 주식회사 제도도 비민주적이다.

오해를 피하기 위해 한마디 덧붙인다. "동등한 자격으로" 경제적 결정에 참여한다는 것이, 모든 사안에서 1인1표를 적용해야 한다는 것은 아니다. 기업의 일상적인 운영에서, 권한과 책임이 서로 다른 상급자와 하급자가 같은 크기의 결정권을 가질 수는 없다. 또 기업에 출자를 많이 한 사람과 적게 한 사람이 같은 크기의 결정권을 가져야 하는 것도 아니다. 결정권의 독과점에 이르지 않는 한, 기여와 책임에 상응하는 권한의 배분은 자연스럽다.

그러나 기업의 존폐나 근본적인 변화 등 기업 구성원의 인생에 중대한 영향을 줄 결정은 보통선거나 국민투표처럼 1인1표에 준하는 방식이 필요하다. 회사 매각이나 대량 정리 해고와 같은 결정에는 당연히 (노동조합을 포함한) 전체 사원의 참여가 있어야 한다.

특권과 차별 없는 경제를

둘째로, 민주 정치도 그렇듯이 민주 경제에서도 결정의 내용에 당연히 한계가 있다. 적어도 민주주의의 알맹이라고 할 수 있는 인간의 평등한 존엄성을 무시하는 결정을 할 수 없다. 최소한 특권과 차별을 정당화해서는 안 된다. 특권이란 자신이 제공한 원인에 비해 더 많은 이익을 차지할 수 있는 자격이자 더 적은 불이익을 받을 수 있는 자격이고, 차별은 특권의 대칭 개념이다.

특권으로 얻는 이익을 학술적으로 '지대'(rent)라고 하며 특권이익을 추구하는 행위를 '지대추구 행위'라고 한다. 쉬운 예로, 땅처럼 자신이 생산하지도 않은 자연을 소유하여 불로소득을 얻는 행위를 들 수 있다. 지대추구가 사회정의만이 아니라 경제효율도 해친다는 사실은 교과서에도 다 나오는 내용이다. 그런데 강의실에서는 그렇게 가르치면서 현실에서는 지대추구를 비호하는 학자도 적지 않다.

정부가 공권력으로 지대추구를 도와주는 제도와 관행은 많다. 특정 집단에 명분 없는 보조금을 준다거나, 불공정 경쟁을 방치하거나, 기업이 자신의 비용을 다른 기업이나 소비자에게 떠넘기는 것을 허용하는 등이 다 그런 사례다. 차별의 사례도 많다. 비정규직은 정규직과 같은 일을 하면서도 불리한 대우를 받는다. 능력과 무관하게 학벌이나 출신지역에 따라 기회가 제한된다. 재벌기업이 친인척에게 일감 몰아주기를 하여 경쟁 업체의 기회를 박탈하고 대기업이 중소기업의 생존권을 부정한다.

경제 민주화를 위해서도 정치 개혁이 필요하다

이처럼 민주주의에는 절차 면에서 반독재와 반독점, 내용 면에서 반특권과 반차별이 최소한의 필요조건이다. 그런데 대선 후보들의 화려한 공약에도 불구하고 국민이 경제 민주화의 전망을 어둡게 보는 데는, 그 개념이 모호하다는 것보다 더 중요한 이유가 있다. 정치권에 대한 의구심이다.
경제 민주화를 제도로 구현하는 일은 정치가 담당한다. 그러므로 정치 민주화에 소극적이고 시장경제는 곧 방임경제라고 착각하는 세력이 경제 민주화를 공약으로 내거는 것은 앞뒤가 맞지 않는다. 무식해서가 아니라면 사탕발림이다. 또 돈이 많이 드는 정치를 방관하는 세력도 그렇다. 이런 상황에서는 재벌의 '장학생'이 정치와 학계를 주름잡게 되고 경제 민주화는 물 건너가고 만다. 그래서 경제 민주화를 위해서도 정치개혁이 필요하다.

(『평화뉴스』 2012. 11. 11)

세제 개편은 특권이익 환수부터

2013년 8월 8일 정부가 '2013 세법개정안'을 발표한 후 이상한 일들이 벌어졌다. 불과 나흘 만에 박근혜 대통령이 서민과 중산층의 세 부담이 무겁다면서 원점 재검토를 지시했고 그러자 당정협의를 통해 내용을 다 알고 있었던 새누리당도 돌연 안면을 바꾸어 주무 부처를 비난하였다. 세수입이 늘어나는데도 증세가 아니라는 정부도 이상했지만 야당의 대응도 그에 못지않게 이상했다. 처음에는 '세금 폭탄'이라면서 반대하더니 곧 이어 부자 증세가 먼저라고 반대 이유를 바꾸었다.

소득 있는 곳에 세금 있다?

청와대는 서민의 지갑을 걱정하고 야당은 부자 증세를 강조하고 있어 다소간의 차이가 있기는 하지만, 소득에 따라 세금에 차등을 두어야 한다는 인식에서는 공통된다. 또 시민사회에서도 복지를 위해서는 소득세 인상이 불가피하다고 하면서 역시 소득과 세금을 직접 연계시키고 있다. 흔히 "소득 있는 곳에 세금 있다"고 하며, 교과서에도 납세 능력에 따라 과세해야 한다는 '능력 과세의 원칙'이 나온다. 이런 점을 감안하면 소득에 따른 과세는 당연한 것처럼 보인다.

그러나 과연 그럴까?

우리의 상식적인 정의감에 따르면, 열심히 일해서 부자가 된 개미가 게으름을 피워 가난하게 된 베짱이보다 공동체를 위해 더 큰 희생을 해야 할 이유는 없다. 그렇다면 소위 '능력 과세의 원칙'은 원칙이라기보다는 그저 소득이 없으면 세금을 낼 수 없다는 말이고, 결국 소득 있는 사람에게 과세할 수밖에 없다는 현실론일 뿐이다. 부자에게 세금을 더 내게 하려면 좀 더 그럴듯한 근거가 필요하다.

개미들이 소득을 올리기 위해 사용하는 모든 연장이 사회의 공동자산이라고 해보자. 그리고 개미 중 〈갑 개미〉는 좋은 연장을, 〈을 개미〉는 그보다 못한 연장을 사용하며, 〈병 개미〉는 아예 연장을 구하지도 못했다고 해보자. 이럴 때 각자 벌어들이는 소득에 따라 세금을 내야 할까? 물론 아니다. 소득이 얼마든, 공동자산인 연장의 사용료를 사회에 먼저 내놓아야 한다. 이러한 두 가지 사례만 보더라도 소득과 세금이 같이 가야 한다는 원칙은 간단하게 무너진다.

특권이익은 빈부격차와 경제침체의 원인

그런데 오늘날과 같은 자본주의 세상에 도대체 공동자산이라는 게 있는지, 있다고 해도 그 규모가 얼마나 될지 의문을 가지는 독자가 많을 것이다. 그래서 현재 우리나라에서 진행 중인 실제 사례를 하나 제시한다.

2013년 8월 19일부터 이동통신용 주파수 경매가 진행 중이다. 요즘 한창 붐이 일고 있는 LTE 사업을 위해서는 유리한 대역을 적당한 가격에 차지해야 경쟁 우위를 확보할 수 있기 때문에 이 경매는 이동통신 3사의 미래가 걸려 있는 영토전쟁이라고 할 수 있다. 2년 전인 2011년 경매에서 1.8GHz 대역의 10년간 사용권이 1조 원 가까운 금액으로 결정된 것으로 볼 때 이번 경매 총낙찰액은 수조 원에 이를 것으로 전망된다. 공동자산을 특정인이 차지하는 것은 특권이며 특권이익은 당연히 환수해야 한다는 공감대를 반영하는 사례다.

세상에는 이런 공동자산이 많은데도 주목을 못 받고 있다. 세상에 존재하는 물자는 자연물과 인공물로 나눌 수 있는데 생산자가 없이 하늘로부터 주어진 자연물은 모두 공동자산이다. 주파수 대역만이 아니라 토지를 비롯한 천연자원, 환경 등이 모두 그렇다. 공동자산을 특정인이 사용하거나 오염시킨다면 사용료나 피해 보상액을 모두 사회에 내놓아야 한다. 또 정부가 공권력을 이용하여 경쟁을 제한한다든지 면허나 특허와 같은 유리한 자격을 설정하면 그 역시 특권이다. 또 학벌사회에서 특정 대학 출신이 누리는 이익, 정규직이 비정규직에 비해 누리는 이익, 지역차별 사회에서 특정 지역 출신이 누리는 이익도 특권이익이다. 모두 환수하는 것이 옳다.

특권이익은 토지 지대와 성격이 같다고 하여 교과서에서는 렌트(rent) 또는 지대라는 용어로 부르면서 그 폐해를 지적하고 있다. 노벨상 수상자인 스티글리츠(Joseph Stiglitz) 교수도 최근의 저서 『불평등의 대가』(*The Price of Inequality*)에서 렌트를 부당한 빈부격차와 경제침체의 중요한 원인으로 꼽고 있다.

특권이익 다음 순위는 운의 이익

특권이익만으로 정부 재정을 다 충당할 수 없다면 어떻게 해야 할까? 다른 사정이 같은데도 운이 좋은 개미 A의 소득이 운이 덜 좋은 개미 B의 소득보다 월등히 높다고 해보자. 특권과 행운은 둘 다 당사자의 행위와 무관한 이익을 발생시키므로 그 이익은 노력소득보다 우선적인 과세 대상이 되어야 한다. 다만, 운은 특권과 달리 다른 사람에 대한 직접적인 차별을 야기하지 않는다는 점에서 악성도가 덜하기 때문에, 행운의 이익의 환수 순위는 특권이익의 다음 순위가 되는 것이 자연스럽다.

이런 상식에 바탕을 둔다면, 부자에게 세금을 더 내라고 할 때 그들은 당연히 이렇게 답을 할 수 있다. "특권이익부터 징수하고 그걸로 모자라면 운의 이익을 징수하세요. 소득에 대한 세금은 그 다음에 생각해 봅시다." 특권이익과 운의 이익이 정부 재원으로 충분한 규모가 된다면 부자에게 양보하라고 설득할 필요도 없고 서민층의 얇은 지갑에 손을 댈 필요도 없다.

현실에서는 특권을 누리는 사람, 운이 좋은 사람은 소득도 높은 게 보통이고 따라서 특권이익과 운의 이익만 환수하더라도 환수액과 소득 간의 상관성이 높을 것이다. 그러나 이것은 결과적 상관성일 뿐이다. 체중과 성인병의 상관성이 높다고 하지만 근육을 단련하여 체중이 많이 나가는 건장한 운동선수를 성인병 환자로 진단할 수는 없지 않은가?

(『평화뉴스』 2013. 8. 26)

② 시장친화적 토지공개념

제1장에서 보았듯이 토지소유권은 대표적인 특권이다. 토지는 우리 모두를 위한 삶의 터전이고 그 면적과 위치를 바꿀 수도 없다. 또 토지 사용은 공간적 및 시간적으로 이웃 토지와 후세에 상당한 영향을 준다. 그래서 토지는 다른 물자에 비해 공공성이 높을 수밖에 없는데, 이런 인식이 바로 토지공개념이다. 그런데 우리나라에서는 '토지공개념'이라는 용어가 토지투기 대책으로 등장하였고 지금도 그런 식으로 이해하는 국민이 많다.

토지공개념을 구현하는 수단에는 시장제약적 수단과 시장친화적 수단이 있다. 시장 작용을 억제하는 가격 통제나 거래 제한 등은 시장제약적 수단이다. 양도소득세와 같은 조세도 토지 매물의 공급을 줄이는 부작용이 있기 때문에 시장제약적 수단이다. 지금까지 나온 토지공개념 정책에는 이런 것이 많았기 때문에, 시장을 중시하는 쪽에서는 토지공개념을 부정적으로 보는 경향이 있다. 그러나 토지의 공공성이 높다는 사실을 인정한다면 토지공개념 모두를 백안시할 것이 아니라 시장친화적 토지공개념 수단을 모색하면 된다. '시장친화적 토지공개념'이라는 표현은 '네모난 원'이라는 표현처럼 어울리지 않는다고 생각하는 사람도 적지 않겠지만 그렇지 않다.

이미 제1장에서 토지사유제는 균형형 제도와 어울리지 않는 특권적 제도임을 밝혔으나, 논란이 많을수록 다각도에서 검토할 필요가 있으므로 제2장에서는 다른 관점에서 다루어 보기로 한다.

1. 토지공개념과 시장경제

'평등한 자유'와 토지원리

흔히들 진보는 평등을, 보수는 자유를 추구한다고 한다. 그러나 합리적인 진보라면 평등의 이름으로 특혜 받는 계층을 원하지 않을 것이고, 양식 있는 보수라면 약육강식의 정글형 자유를 원하지 않을 것이다. 어느 쪽이든 "한 사람의 자유는 다른 사람의 자유를 침해하지 않는 범위 내에서 인정된다"는 원리에 동의할 것이다. 이 원리는 너무나 상식적이기 때문에 같은 내용의 다른 표현이 많다. 기회균등, 역지사지易地思之, 자신이 싫은 일은 남에게 하지 말라……. 이 원리는 더 이상 증명이 필요 없으며 다른 원리를 도출하기 위한 공통의 출발점이 된다는 점에서 '평등한 자유의 공리公理'라고 부를 수 있겠다.

이 공리로부터 '생산자 소유의 원칙'이 도출된다. 세상의 물자에는 자연물과 인공물이 있다. 인공물을 인공을 가한 사람 즉 생산자가 소유하지 못한다면 결국 비생산자인 누군가가 소유하게 되는데, 이런 제도는 노예제도처럼 평등한 자유에 어긋난다. 또 평등한 자유의 공리와 생산자 소유의 원칙에 동의하면 '교환에 의한 소유의 원칙'에도 동의할 것이다. 생산자끼리 자발적 합의에 의해 각자의 생산물을 교환할 경우 타인의 생산물이라고 해도 소유할 수 있다는 것이다. 그런데 이런 두 개의 근거로는 아예 사람이 생산하지 않은 자연물에 대한 사적 소유는 인정될 수 없다. 바로 이것이 토지공개념의 철학적 근거가 된다. 여기에서 '토지'는 일상적인 의미의 토지 외에 천연자원, 환경 등 자연물 전체를 의미한다.

토지를 모든 국민이 공동으로 사용하고 그 결과를 공유하는 것도 평등한 자유를 보장하는 하나의 방법이 된다. 그러나 토지는 그 특성상 단독 사용이 더 적절한 경우도 많다. 예를 들어, 주택과 같은 사적 생활공간을 다른 사람에게도 개방한다면 프라이버시를 지키기 어렵다. 생산용 토지도 공동으로 사용하기보다 단독으로 사용할 경우에 생산성이 훨씬 높아질 수 있다. 이런 이유로 사회가 토지에 대한 사적 우선권을 설정하기로 합의할 경우에는 평등한 자유를 보장하기 위한 조건이 필요하다.

조건은 세 가지로 정리할 수 있다. 첫째, 모든 국민이 토지에 관한 우선권을 취득할 수 있는 균등한 기회를 가져야 한다. 그런데 이것만으로는 충분하지 못하다. 취득 기회가 균등하다고 해도 결과적으로 하나의 토지는 한 사람이 차지하게 되는데, 이때 생산자 소유의 원칙에 어긋나는 결과가 생길 수 있다. 예를 들어 토지를 추첨에 의해 배분한다면 형식적 기회균등은 보장되지만, 생산성이 높은 토지에 당첨된 자는 아무런 노력도 없이 더 많은 소득을 얻을 수 있게 된다. 이러한 문제를 해소하기 위해서는, 당첨자가 생산적 노력과 무관하게 다른 사람에 비해 유리해지는 정도를 반영하는 금액을 사회에서 환수하여 모든 국민을 위해 공평하게 사용하면 된다. 이렇게 하면 실질적 기회균등까지 보장할 수 있다. 이것이 두 번째 조건이다. 셋째, 토지에 관한 우선권은 사회적 필요에 의해 인정하는 것이므로 권리의 내용과 행사가 취지와 무관하게 확대되어서는 안 된다.

이상을 종합하여, 토지에 관해 평등한 자유를 보장하기 위한 '토지원리'를 정리하면 다음과 같다.

① (평등한 토지권) 모든 국민은 토지에 대해서 평등한 권리를 가진다.

② (합의에 의한 우선권 인정) 사회의 합의에 의해 특정인에게 우선권을 인정할 수 있다.

③ (우선권 인정의 조건) 특정인에게 우선권을 인정하려면 다음 조건을

충족시켜야 한다.

㉮ (취득 기회 균등) 모든 사람에게 우선권 취득 기회를 균등하게 보장 한다.

㉯ (특별이익 환수) 우선권에서 발생하는 특별이익을 환수하여 공평하게 처리한다.

㉰ (사회적 제약) 우선권 내용과 행사는 우선권을 인정하는 취지에 부합해야 한다.

토지원리는 제1장의 3에서 제시한 특권 대책 3원칙과 닮은 꼴이다. 이 가운데 ㉰의 '사회적 제약'에 해당되는 각종 규제는 우리 사회에서 당연한 것으로 받아들여지고 있다. 경자유전의 원칙 등 소유 제한, 용도지역제나 건축허가제 같은 사용 제한, 전매 금지 같은 거래 제한 등이 별다른 저항 없이 시행되어 왔다. 그러나 ㉯의 '특별이익 환수'에 대해서는 논란이 많았다.

우선권에서 생기는 특별이익은 토지가치로 나타난다. 토지가치를 제대로 환수하지 않으면 토지에서 막대한 불로소득이 발생하며 그로 인해 투기, 부당한 빈부격차, 경제효율 훼손 등 심각한 사회적 병폐가 생긴다. 19세기 미국의 토지사상가 헨리 조지Henry George(1839~1897)는 『진보와 빈곤』*Progress and Poverty*(1879) 등의 저서를 통해, 토지가치를 완전히 징수하면서 다른 조세를 감면하자고 하여 세계적인 주목을 받았다. 토지가치를 1년 단위로 징수한다면 징수액은 당해 연도의 임대가치 즉 연간 지대가 된다. 그래서 헨리 조지가 제안한 제도를 지대조세제land value taxation, 그런 조세를 지대세라고 부른다. 현실에서 토지 관련 조세의 과세표준으로 임대가치보다 매매가치를 사용하는 경우가 많은데 취득세나 양도소득세는 성격상 그럴 수밖에 없다. 그러나 매매가치는 미래의 지대와 현재의 이자율에 의해 영향을 받으므로 토지보유세는 그런 문제가 없는 당시의 임대가치를 과세표준으로 삼는 것이 옳다. 앞으로는 ㉯에 의해 환수 대상이 되는 '특별이익'은 지대를 의미하는 것으로 본다.

지대 환수는 자본주의에 위배되나?

'평등한 자유'라는 상식적인 원리로부터 토지원리를 도출했음에도 불구하고 지대 환수는 자본주의에 위배된다고 생각하는 사람도 있다. 자본주의의 핵심요소는 사유재산제와 시장경제이므로 지대 환수와 두 요소와의 관계를 살펴보자.

첫째로, 지대 환수는 사유재산제에 위배되지 않는다. 사유재산제는 개인의 노력과 기여의 대가를 소유할 수 있도록 보장하는 제도다. 그러므로 세금도 가급적 노력과 기여의 대가를 보호하는 방식으로 부과해야만 사유재산제와 충돌되지 않는다. 사유재산제에 충실한 세제라면 불로소득부터 우선 징수하고 그것만으로는 세수입이 부족할 경우에 한하여 노력과 기여의 결과에 과세하여야 한다. 지대는 본질적으로 불로소득이다. 토지는 사람이 생산한 것이 아니고, 토지가치는 토지소유자의 노력 및 기여와는 무관한 요인 즉 토지의 자연적 형질, 사회경제적 상황, 정부의 조치 등에 의해 주로 결정되기 때문이다. 이처럼 노력 및 기여와 무관하게 발생하는 토지가치를 환수하는 제도는 사유재산제에 충실한 제도다. 반면 현행 세제에서 소득세는 노력과 기여에 의해 발생한 소득인지 그와 무관하게 발생한 불로소득인지를 따지지 않고 모두 과세 대상으로 삼는다. 부가가치세도 생산적 노력에 의해 증가한 가치에 과세한다. 이처럼 현행 세제가 오히려 사유재산제에 위배된다. 사유재산제를 존중한다면 지대와 같은 불로소득부터 거두어 소득세, 부가가치세를 대체하자고 해야 한다.

둘째로, 지대 환수는 시장친화적이다. 시장 참가자들이 거래 대상에 대한 완전한 정보를 가지는 완전경쟁시장에서는 투기적 가수요가 발생하지 않는다. 단지 토지를 소유한다는 이유만으로는 이익을 얻을 수 없고 토지를 제대로 사용하지 않으면 오히려 손해를 본다. 그러나 현실 토지시장은 그렇지 못하므로, 정부가 불로소득을 차단하여 완전경쟁시장처럼 만들어줄 필요가 있다. 정부가 택할 수 있는 가장 좋은 수단은 토지보유세다. 토지는 존재량이 일정하므로 보유세를 부과하더라도 공급이 변하지 않으며 토지소유자가 세금을 전가할 수도 없다. 이렇게 하면 시장은 정부 덕에 더 잘 작동하고 정부는 시장 덕에 개입을 최소화할 수 있다.

이처럼 지대 환수가 자본주의에 어긋난다고 하는 의문은 근거가 없으며 오히려 지대 환수야말로 사유재산제와 시장경제를 핵심으로 하는 진정한 자본주의에 부합하는 제도다. 그래도 지대 환수가 반시장적이라고 오해하는 경제학자에게는 시장주의의 원조인 애덤 스미스Adam Smith 그리고 현대 시장주의의 대부 격인 하이에크F. von Hayek, 프리드먼M. Friedman을 소개하고 싶다. 애덤 스미스는 시장주의의 고전 『국부론』에서 지대에 대한 과세는 "어느 산업에도 지장을 주지 않는다. 사회의 연간 생산은 과세 전이나 후나 동일할 것이다. (…) 좋은 정부가 있음으로 해서 존재할 수 있는 기금에 대해 과세하는 것은 매우 합리적이다"라고 하였다(김윤상, 2009: 459). 하이에크의 『자유헌정론』(Hayek, 1960, Ch. 22)에는 이런 내용이 나온다. 도시토지의 이용은 이웃효과neighborhood effect를 발생시키기 때문에 토지 이용을 개별 토지소유자에게 맡기면 비효율을 초래하므로 광역적 관점에서 토지 이용을 결정하면서 개별 토지소유자에게서는 지대를 징수하는 것이 좋다고 하였다. 또한 프리드먼은 일생동안 강연, 인터뷰 등에서 여러 차례에 걸쳐, 지대를 환수하는 세금은 "가장 덜 나쁜 세금"the least bad tax이라고 하였다. 정부 개입과 세금을 싫어하는 그로서는 가장 좋은 세금을 이렇게 표현했다. 시장주의의 대가들이 왜 이런 말을 했는지 진지하게 생각해보면 좋겠다.

토지공개념에서 자연공개념으로

토지공개념 원리는 단지 토지 문제만이 아니라 자연 전체에 적용된다. 모든 자연은 인간이 생산하지 않았고 모두에게 천부되었다는 점에서 토지와 공통되기 때문이다. 자연은 다음과 같은 세 가지 종류로 나누어 볼 수 있다.

첫째로, 넓은 의미의 토지. 여기에는 흙으로 덮인 지구의 표면이라는 좁은 의미의 토지 이외에 토지처럼 위치와 존재량이 고정되어 있는 자연이 포함된다. 고정되어 있는 자연에 대한 사용 수요가 늘어나면서 경쟁이 생기고 그에 따라 지대가 발생한다. 사용 수요가 늘어나는 새로운 예로는 전파대역, 위성궤도 등을 들 수 있다. 전파대역은 라디오, 텔레비전, 이동통신 등의 전파를 실어 나르는 통로이기 때문에 오늘날 수요가 급속히 늘어나고 있어 주목된다. 이런 종류의 자연을 특정인이 단독으로 사용하면 타인을 배제하는 결과가 생긴다는 점에서 토지와 공통된다.

둘째로, 토지 이외의 천연자원이 있다. 예를 들면 광물, 석유, 천연 동식물, 오존층 등이다. 이 종류의 공통성은 특정인의 사용이 같은 시대의 타인을 배제한다는 점 이외에 사용에 의해 존재량이 줄어들기 때문에 후손도 배제한다는 점이다. 따라서 환수액은 현 세대를 배제하는 대가 이외에 고갈 피해액 내지 자원 대체 비용처럼 후손에 미치는 피해도 포함되어야 한다. 오존층의 파괴는 다음에서 언급하는 오염 대상의 하나이기도 하지만 고갈될 뿐 회복되지 않는다는 점에서 천연자원의 하나로 포함시켜도 좋을 것이다.

셋째로, 공기, 물 등 오염 대상으로서의 환경이 있다. 이 종류의 공통성은 특정인의 사용이 현 시대의 타인을 배제하는 이외에 오염으로 인해 후손에게도 피해를 주고 원상회복에 비용이 든다는 점이다. 따라서 환수의 대상은 지대 이외에 오염 피해액

[표 2.1] 토지·천연자원·환경의 비교

대상	사용 결과	형평 비교 대상	환수액의 내용
토지	배제	타인	지대
천연자원	배제 + 고갈	타인 + 후손	지대 + 고갈 피해액, 자원대체 비용
환경	배제 + 오염	타인 + 후손	지대 + 오염 피해액, 환경회복 비용

내지 환경회복 비용이 된다.

토지, 천연자원, 환경을 비교하면 [표 2.1]과 같다.

토지공개념을 자연공개념으로 확대하면 오늘날 인류를 위협하는 천연자원 고갈과 환경오염 문제를 완화 내지 해결하는 데도 크게 기여할 수 있다.

자연공개념은 이미 우리 현실에서도 시장원리에 따라 적용되고 있다. 주파수 경매 사례를 들어 보자. 현재 이동통신에 사용하는 주파수는 각 통신사의 소유가 아니라 정부가 임대한다. 가장 최근의 경매는 2018년 6월 18일에 있었다. 5세대5G 이동통신용 10년 또는 5년 주파수 사용권을 경매하여 총 낙찰가 3조 6,183억 원으로 경매가 종료되었다. 그 직전인 2016년 5월 2일 경매 종료 때 정부는 이렇게 발표했다. "이번 경매는 과거 두 차례의 경매에서 제기되었던 과열 경쟁이나 경쟁사 네거티브 견제 없이 원만하게 진행되었으며, 각 사에 필요한 주파수가 시장원리에 따라 합리적으로 공급됨으로써……" 정부가 주파수 사용권 경매를 "시장원리에 따라" 했다고 표현한 점에 주목하기 바란다.

주파수와 토지는 모두 인간이 생산하지 않은 자연물이라는 점에서 공통적이다. 그 밖에 천연자원을 국유로 하고 환경 오염자에게 부담금을 물리는 것도 자연공개념에 근거를 둔 제도인데, 이에 대해 반시장적이라고 트집 잡는 사람은 없다. 다만, 토지는 주파수와 달리 과거에 어떤 식으로든—최초에는 대부분 떳떳하지 못한 방식으로—사유화가 이루어져서 기득권층이 존재한다는 차이가 있을 뿐이다.

지대세 도입 전략

지금까지 보았듯이 진정한 사유재산제와 진정한 시장경제를 위해서는 지대 환수가 필수적이지만, 토지사유제가 상당 기간 지속되어온 우리 현실에서는 지대세를 도입할 때 그에 부수하는 개혁비용을 최소화하기 위한 세심한 배려가 있어야 한다. 정당한 사유재산 침해라는 시비를 잠재우고 단기적 충격이나 부작용도 고려하여야 한다.

지대세를 부과하면 지가 즉 토지 매매가격이 이론상 0이 되므로, 잘못된 토지제도를 바로잡는 과정에서 현 토지소유자의 재산가치가 그만큼 줄어든다. 그럴 경우 형평성과 재산권 보호를 둘러싼 논란이 불가피하다. 또 금융기관이 대출 담보로 부동산을 많이 활용해온 사회에서 부동산 가격이 급락하면 대출을 회수하기가 어려워진다. 2008년 미국발 금융위기에서 보았듯이 일부 금융기관이 파산하면 급기야 실물경제 전체로 파급되어 총체적 경제 위기를 초래할 수도 있다.

이런 문제를 예방하면서 지대세를 도입하는 전략에는 점증형, 누진형, 이자공제형이 있다. 점증형은 장기간에 걸쳐 서서히 지대세율을 높여가는 전략이다. 지가 폭락을 막을 수는 있지만 세율이 상당히 높아지기 전까지는 토지 불로소득이 야기하는 폐단, 즉 부동산투기, 부당한 빈부격차, 경제효율 훼손 등 심각한 사회문제가 계속된다는 단점이 있다. 누진형은 소유 토지의 가치가 높을수록 높은 세율을 적용하는 전략이다. 종합부동산세처럼 고액 소유자에게만 누진적으로 중과세하는 세금도 여기에 속한다. 이 전략은 중소 토지소유자의 부담을 적게 하여 반대자를 줄인다는 장점이 있지만, 토지 불로소득의 폐단을 제대로 해결하지 못하면서 계층 갈등을 야기한다는 단점도 있다.

두 전략의 단점을 해결하는 바람직한 전략은 이자공제형이다. 지대를 전부 환수하지 않고 매입지가에 대한 이자를 공제한 나머지만 환수하는 전략이다. 필자는 이런 세금을 '이자공제형 지대세' 또는 '지대이자차액세'라고 부르는데, 왜 바람직한 전략인지 살펴보자.

토지소유자는 매매를 통해서 매매차액을 얻고 보유하는 동안 임대소득을 얻는데, 두 소득에서 토지소유자가 지출하는 보유비용을 공제하면 토지 불로소득이 된다. 즉 이렇게 식으로 표시할 수 있다.

토지 불로소득

= 토지 매매차액 + 토지 임대소득 − 토지 보유비용

세금 등을 제외한다면 토지 보유비용은 주로 매입지가에 대한 이자에 해당된다. 자기 돈으로 매입한 경우에도 토지소유자가 포기하는 이자는 기회비용이 된다. 또 토지를 타인에게 임대하여 임대료를 받는 경우가 아니라 자신이 사용하는 경우라고 해도 임대가치만큼 이익이 생긴다는 점에는 변함이 없다. 토지 임대가치를 '지대'라는 용어로 바꾸어 앞의 식을 다시 표현해 본다.

토지 불로소득 = 토지 매매차액 + 지대이자차액

위의 두 가지 즉 토지 매매차액과 지대이자차액을 없애면 토지 불로소득이 사라진다. 그러나 지대이자차액만 보유세로 징수해도 충분하다. 왜 그럴까? 제도 실시 시점에 각 토지소유자의 과거 매입지가를 등기부에 등록한 다음, 그때부터 모든 토지소유자에게서 이 등록지가에 대한 이자를 공제한 나머지 지대를 보유세로 징수한다고 해보자. 그러면 앞으로 누가 토지소유자가 되든 토지 소유를 통해 얻을 수 있는 이익은 등록지가에 대한 이자뿐이다. 그러면 토지 매매가격은 그 이자에 상응하는 원금 즉 등록지가로 일정하게 유지될 것이고, 따라서 토지 매매차액은 0이 된다. 즉 이자를 공제한 나머지 지대만 보유세로 징

[그림 2.1] 이자공제형 전략의 50년간 지대환수율 추이

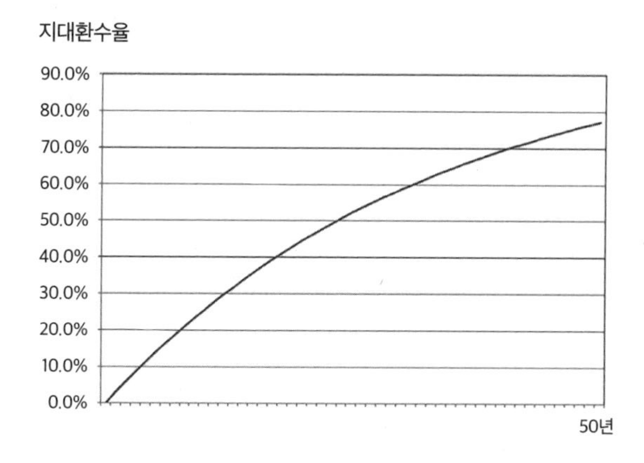

* 지대상승률이 연 3%인 경우.

수하면 토지 불로소득을 완전히 환수할 수 있으므로, 도입 즉시 토지투기 차단 효과가 생긴다. 아울러 지가가 유지되므로, 사유재산 침해의 논란이 없고 담보가치 하락으로 인한 금융상의 위험도 없다.

이자공제형 전략을 통해 지대를 어느 정도 환수할 수 있을지는 지대상승률에 따라 달라진다. 실시 초기에 지대와 이자가 같고 이자율이 일정하다고 가정하면, 연간 지대상승률이 1%, 2%, 3%, 4%, 5%일 때 50년 후에는 각기 지대의 39%, 69%, 77%,

86%, 91%를 환수하게 된다. 지대상승률이 연 3%일 경우가 [그림 2.1]에 표시되어 있다. 그리고 지대의 80%를 환수하는 데 걸리는 시간은 각기 162년, 82년, 55년, 42년, 33년이다.

이처럼 지대환수율이 상당히 높아질 때까지 시간이 오래 걸릴 수 있는데, 그 기간을 단축하려면 2단계 전략이 필요하다. 우선 제1단계로 이자공제형 지대세를 도입하여 토지보유세에 대해 국민의 이해와 지지를 높인다. 도입 후 국민은 부동산 투기와 그로 인한 부당한 불평등이 해소되는 모습을 체험하게 될 것이다. 또 토지보유세 수입이 증가하는 만큼 부가가치세와 소득세 등 다른 나쁜 세금을 감면하면 국민 대다수가 세금을 덜 내게 되므로 지지를 얻기가 더 쉽다. 그 바탕 위에 제2단계로 공제 이자액을 줄이는 방향으로 합의를 이루게 되면 지대환수율 증가 속도를 더 빠르게 할 수 있다.

2. 토지공개념과 헌법

토지공개념은 지금도 합헌

토지공개념과 관련된 각종 조치를 둘러싸고 헌법 위반 여부에 대한 공방이 더러 있었고 일부 위헌 내지 헌법불합치 결정이 나기도 했기 때문에 토지공개념 자체가 위헌일 것이라는 인상을 가진 사람도 있다. 그러나 토지공개념은 현행 헌법에도 근거가 있고 헌법재판소 결정을 통해서도 합헌임이 확인되어 왔다. 먼저 현행 헌법에 담겨 있는 토지공개념의 근거부터 살펴보자. 요즘의 헌법 조문에는 제목이 없지만 독자의 이해를 위해 과거에 사용하던 제목을 표기해두었다.

> 제23조 [재산권의 보장과 제한] ① 모든 국민의 재산권은 보장된다. 그 내용과 한계는 법률로 정한다.

② 재산권의 행사는 공공복리에 적합하도록 하여야 한다.

제119조 [경제 질서의 기본, 규제와 조정] ① 대한민국의 경제 질서는 개인과 기업의 경제상의 자유와 창의를 존중함을 기본으로 한다.

② 국가는 균형있는 국민경제의 성장 및 안정과 적정한 소득의 분배를 유지하고, 시장의 지배와 경제력의 남용을 방지하며, 경제주체간의 조화를 통한 경제의 민주화를 위하여 경제에 관한 규제와 조정을 할 수 있다.

제120조 [자연자원의 채취·개발 등의 특허·보호] ② 국토와 자원은 국가의 보호를 받으며, 국가는 그 균형있는 개발과 이용을 위하여 필요한 계획을 수립한다.

제122조 [국토의 이용 제한과 의무] 국가는 국민 모두의 생산 및 생활의 기반이 되는 국토의 효율적이고 균형있는 이용·개발과 보전을 위하여 법률이 정하는 바에 의하여 그에 관한 필요한 제한과 의무를 과할 수 있다.

헌법재판소 결정에서도 다음과 같이 토지공개념을 합헌으로 인정하고 있다.

토지의 자의적인 사용이나 처분은 국토의 효율적이고 균형있는 발전을 저해하고 특히 도시와 농촌의 택지와 경지, 녹지 등의 합리적인 배치나 개발을 어렵게 하기 때문에 올바른 법과 조화 있는 공동체질서를 추구하는 사회는 토지에 대하여 다른 재산권의 경우보다 더욱 강하게 사회공동체 전체의 이익을 관철할 것을 요구하는 것이다. (헌재 1989. 12. 22. 88헌가13)

개발제한구역의 지정으로 인한 개발가능성의 소멸과 그에 따른 지가의 하락이나 지가상승률의 상대적 감소는 토지소유자가 감수해야 하는 사회적 제약의 범주에 속하는 것으로 보아야 한다. 자신의 토지를 장래에 건축이나 개발목적으로 사용할 수 있으리라는 기대가능성이나 신뢰 및 이에 따른 지가상승의 기회는 원칙적으로 재산권의 보호 범위에 속하지 않는다. (헌재 1998. 12. 24. 89헌마214 등)

과세대상인 자본이득의 범위를 실현된 소득에 국한할 것인가 혹은 미실현 이득을 포함시킬 것인가의 여부는 과세목적, 과세소득의 특성, 과세기술상의 문제 등을 고려하여 판단할 입법정책의 문제일 뿐, 헌법상의 조세 개념에 저촉되거나 그와 양립할 수 없는 모순이 있는 것으로는 볼 수 없다. (헌재 1994. 7. 29. 92헌바49).

이러한 헌법 조문이나 헌법재판소 결정에 의하면 토지공개념은 합헌이다. 다만, 구체적인 수단 중 일부가 문제였을 뿐이다. 예를 들면 헌법재판소는 종합부동산세 자체가 아니라 가구의 부동산을 합산하여 과세한다는 점에서 일부위헌이라고 판단했었다.

토지공개념을 헌법에 명시한다면?

그럼에도 불구하고 토지원리 ㉯(이 책 70쪽)에 따라 특별이익을 환수할 경우에 토지의 매매가격이 하락할 수 있는데, 토지를 재산증식의 수단으로 여겨온 우리 현실을 감안할 때 경제활동의 자유를 침해한다거나 재산권을 침해한다는 등의 이유로 위헌시비가 제기될 가능성이 있다. 특히 부동산 부자들은 사회적 강자이기 때문에 반발의 힘이 셀 것이고 이들과 알게 모르게 연계된 정계와 언론에서도 '조세 저항'이라는 용어를 동원하면서 분위기를 잡을 것이다. 따라서 장래에 불거질 수 있는 소모적 논란을 사전에 차단하기 위해서, 현재 진행 중인 개헌 작업을 계기로 토지공개념을 헌법에 명기하는 것도 좋겠다.

우선, 토지공개념을 경제 질서의 일부로 선언한다는 의미에서 헌법 제119조에 다음과 같은 제3항을 추가한다. 개정 부분은 굵은 글씨로 표시한다.

[개정안]

제119조 ① ② 그대로

③ 국가는 국토와 천연자원으로부터 소유자의 생산적 노력 및 투자와 무관하게 발생하는 이익을 환수할 수 있다.

제3항의 "환수할 수 있다"는 "환수해야 한다"가 옳지만, 지대 환수의 근거만 마련하면 족하므로 표현을 누그러트렸다.

국토에 초점을 맞추고 있는 헌법 제122조도 제119조와 상응하는 개정이 필요하다. 제119조 제2항에 관해서는 정부의 간섭을 기피하고 규제 완화를 원하는 측의 개정 요구가 있어온 점을 고려하여 논란을 피하기 위하여 아예 제119조에 손을 대지 않기로 한다면 제122조의 개정은 더욱 중요하다.

[개정안]

제122조 ① 국민 모두의 생산 및 생활의 기반이 되는 국토의 효율적이고 균형있는 이용·개발·보전 **및 불로소득 환수를** 위하여 법률이 정하는 바에 의하여 그에 관한 필요한 제한과 의

무를 과할 수 있다.

② 제1항의 구체적인 수단은 시장친화적이 되도록 노력하여야 한다.

제2항은, 헌법의 정신이나 제119조 제1항에 비추어 볼 때 당연한 내용이지만, 토지공개념은 반시장적이라는 오해를 불식시키는 동시에 토지공개념을 빙자한 정부의 자의적인 규제를 예방하기 위해 두는 조문이다.

아울러 조세의 대원칙을 확인하고 토지보유세를 강화하는 정책에 대한 불필요한 시비를 차단하기 위해 조세의 종목과 세율에 관한 제59조를 다음과 같이 개정하면 더욱 바람직하다.

[현행]

제59조 조세의 종목과 세율은 법률로 정한다.

[개정안]

제59조 ① 조세의 종목과 세율은 법률로 정한다.

② 조세는 토지보유세 등 형평성과 효율성이 높은 종목을 우선해야 한다. 다만, 특별한 정책적 목적을 달성하기 위해 필요한 경우에는 예외로 할 수 있다.

제59조를 이렇게 개정하면, 생산적 노력에 의해 취득한 "국민의 재산권"을 "보장"하는 헌법 제23조 및 "개인과 기업의 경제상의 자유와 창의를 존중"하는 헌법 제119조 제1항에도 불구하고 국민의 노력과 기여의 산물인 소득과 부가가치를 주 대상으로 과세하는 잘못된 현행 조세 체계를 바로잡을 수 있다.

한편, 문재인 대통령이 2018년 3월 26일에 제시한 개헌안에 현행 헌법 제122조를 다음과 같이 바꾸어 토지공개념을 명시하였다. 현행 헌법에도 토지공개념의 근거가 있고 헌법재판소에서도 일관되게 토지공개념 자체는 합헌이라고 해석해왔지만 그럼에도 불구하고 여러 가지 오해와 시비가 있는 현실에서 사회비용을 줄이자는 취지로 조문을 신설한 것으로 보인다.

[문재인 개헌안]

제128조 ① 국가는 국민 모두의 생산**과** 생활의 **바탕**이 되는 국토의 효율적이고 균형있는 이용·개발과 보전을 위하여 법률로 정하는 바에 따라 필요한 제한**을 하거나 의무를 부**과할 수 있다.

② 국가는 토지의 공공성과 합리적 사용을 위하여 필요한 경우에만 법률로써 특별한 제한을 하거나 의무를 부과할 수 있다.

이에 대해 토지국유화를 시도한다든가 자유민주주의와 시장 경제 질서의 근본을 허물려고 한다는 야권의 비판도 있었다. 앞에서 설명했듯이 토지공개념 수단 중 적어도 토지보유세에 관해서는 이런 비판이 전혀 성립될 수 없다. 다만, 제2항의 "특별한 제한"이나 "의무"는 토지보유세 아닌 다른 수단도 가능하기 때문에 좀 더 세련된 표현이 필요해 보인다. 비상조치로서 가격이나 거래를 규제해야 하는 경우도 있지만, 그렇다고 해서 각종 규제 수단을 폭넓게 허용하는 표현을 사용하면 새로운 논란을 낳게 되므로, 토지공개념을 명시하여 사회비용을 줄이자는 개헌 취지가 무색해질 수 있다. 현행 헌법 제122조만이라도 필자가 제안한 대로 문구를 수정한다면 원만한 합의를 이룰 수 있지 않을까?

3. 지대 불평등 시뮬레이션

지대의 발생

주거용 및 생산용 토지에 대해서는 배타적인 권리를 설정하는 것이 공익에 부합한다고 보아 토지사유제를 공인하는 나라가 많다. 중국처럼 토지 국유를 원칙으로 하는 나라에서도 장기적인 토지사용권을 민간에게 주기도 한다. 어느 경우든 타인을 배제하면서 토지를 사용할 수 있는 권리는 특권이다. 특권이익은 토지원리에 따라 환수하여야 함에도 불구하고 토지사유제 사회에서는 그 상당 부분을 토지소유자가 차지하도록 허용하고 있다. 그럴 경우에 부당한 불평등이 발생하는 모습과 그 대응 정책의 효과를 시각적으로 보여주는 컴퓨터 시뮬레이션을 해보기로 한다. 시뮬레이션이란 연구 대상의 핵심적인 요소를 뽑아서 실제와 비슷한 모형을 만들고 모형의 요소를 변화시킬 때

어떤 결과가 나타나는지를 관찰해보는 작업이다.

이를 위해 우선, 토지 지대가 어떻게 발생하는지를 이해해보자. 토지는 필지마다 위치와 형질이 다르기 때문에 품질에 따라 여러 등급으로 나누어진다. 예를 들어, 토지에 5개 등급이 있고 평균적인 능력을 가진 사람이 각 등급의 토지를 사용하면 단위 면적당 연간 각각 100, 90, 80, 70의 수익을 얻을 수 있다고 해보자. 사람들은 생산성이 높은 1등급 토지부터 사용하게 될텐데, 사회의 수요를 충족시키기 위해 1등급, 2등급 토지가 모두 사용되고 3등급 토지의 일부까지 사용하는 상황이라고 가정한다. 이때 3등급 토지를 '한계토지'라고 한다. 사람들이 사용하는 토지 중에서 가장 품질이 나쁜 토지, 또는 사람들이 사용하지 않는 토지 중에서 가장 품질이 좋은 토지가 한계토지이다. 토지소유자가 일부러 유휴 상태로 두는 땅은 한계토지가 아니라 유휴지이다.

특정 토지의 지대는 그 토지에서 얻을 수 있는 수익과 한계토지의 수익의 차이이다. 즉 우리 예에서는 1등급, 2등급, 3등급 토지의 단위 면적당 연간 지대는 각각 20, 10, 0이다. 사회 수요가 변화하여 4등급 토지의 일부까지 이용하는 상황이 되었다고 하면 각 등급 토지의 연간 지대는 10씩 올라서 30, 20, 10, 0이 된다. 두 상황을 정리하면 [표 2.2]와 같다.

[표 2.2] 지대의 발생과 변화

		1등급 토지	2등급 토지	3등급 토지	4등급 토지
연간 수익		100	90	80	70
상황 1	사용 여부	사용	사용	일부 사용	
	지대/년	20	10	0	
상황 2	사용 여부	사용	사용	사용	일부 사용
	지대/년	30	20	10	0

경제학에서는 토지 지대만이 아니라 인위적으로 형성된 비생산적인 전이금을 모두 경제지대 또는 간단히 지대라고 부른다. 원래 토지에서 나온 용어이지만 토지 지대와 성질이 같은 다른 대가를 일반화해서 이렇게 부르게 되었다. '비생산적인 전이금'이란 사회의 생산이 늘어난 것이 아니라 단순히 이 사람에서 저 사람으로 이동한 돈이라는 뜻이다. 경제지대는 사람들로 하여금 경제활동을 계속하도록 유도하기 위해서 꼭 지불해야

하는 최소한도의 수준을 초과하는 가치이다. 사회의 관점에서 볼 때 굳이 지불하지 않아도 경제효율에 아무런 지장이 없는 가치라는 말이다. 예를 들어 정부가 특정 기업에 독점권을 부여하면 그 기업이 경제지대를 챙기게 되는데, 그로 인해 사회의 생산이 늘어나는 게 아니라 독점기업이 다른 경제주체의 소득을 가져가는 결과를 초래할 뿐이다.

경제지대와 이 책에서 다루는 특권이익은 거의 같은 개념이기는 하지만 모든 경제지대가 환수 대상이 되는 것은 아니다. 이 책에서는 특권이 배제 또는 차별을 야기하기 때문에 정의를 추구하는 균형형 제도에 위배된다고 하였고 그래서 특권이익을 환수해야 한다고 하였다. 그러나 경제지대 중에서 배제와 차별과는 무관한 것도 있는데 이런 지대는 우리가 말하는 환수 대상이 아니다. 예를 들어 경제학 교과서에 흔히 나오는 사례로서, 특출한 운동선수가 버는 고액 연봉의 상당 부분이 경제지대이다. 그러나 이것은 다른 사람을 배제하거나 차별한 결과가 아니므로 정의의 관점에서 환수할 이유가 없다.

도시화에 따라 커지는 지대 격차

이제 시뮬레이션을 시작해보자. 과거에는 토지가 주로 농업용으로 많이 사용되다가 산업화와 도시화가 이루어지면서 지대의 격차가 크게 벌어졌다. 농경시대의 지대는 주로 토지의 비옥도에 따라 결정되었으나 도시화가 진전되면서 위치가 중요해지고 특히 중심지의 지대가 급격히 상승하였다. 도시화에 따라 지대 격차가 발생하는 모습을 시각적으로 이해하기 위해 시뮬레이션을 실시한다.*

시뮬레이션 결과를 보여주는 화면이 [그림 2.2]이다. 이 그림에서 위쪽에 있는 커다란 사각형이 마을이다. 이 마을에는 동일한 면적의 정사각형 필지가 가로, 세로 각 41개씩 모두 1,681개 있고 주민이 순차로 각기 한 필지씩 차지한다. 최초의 주민은 중심에 있는 필지를 차지하고, 그 이후의 주민은 중심 필지에서 무작위로 방향을 잡아 외곽으로 직진하다가 비어 있는 필지를 만나면 거기에 정착한다. 화면의 왼쪽 위에 있는 사각형 단추인

---

* 컴퓨터 시뮬레이션 프로그램은 행위자 기반 모형(Agent-Based Model)을 위해 널리 사용되는 NetLogo로 작성하였다. 인터넷포털 '다음'의 〈지공주의 연구실〉 카페 자료실에 필자가 작성한 시뮬레이션 프로그램이 있다. 시뮬레이션 프로그램을 직접 가동시켜 보려면 인터넷에서 NetLogo 언어를 내려받아 설치한 후 실행시키고 프로그램 파일을 불러오면 된다. NetLogo는 프리웨어로서 누구나 무상으로 내려받을 수 있다.

[그림 2.2] 인구 100명일 때의 지대와 불평등도

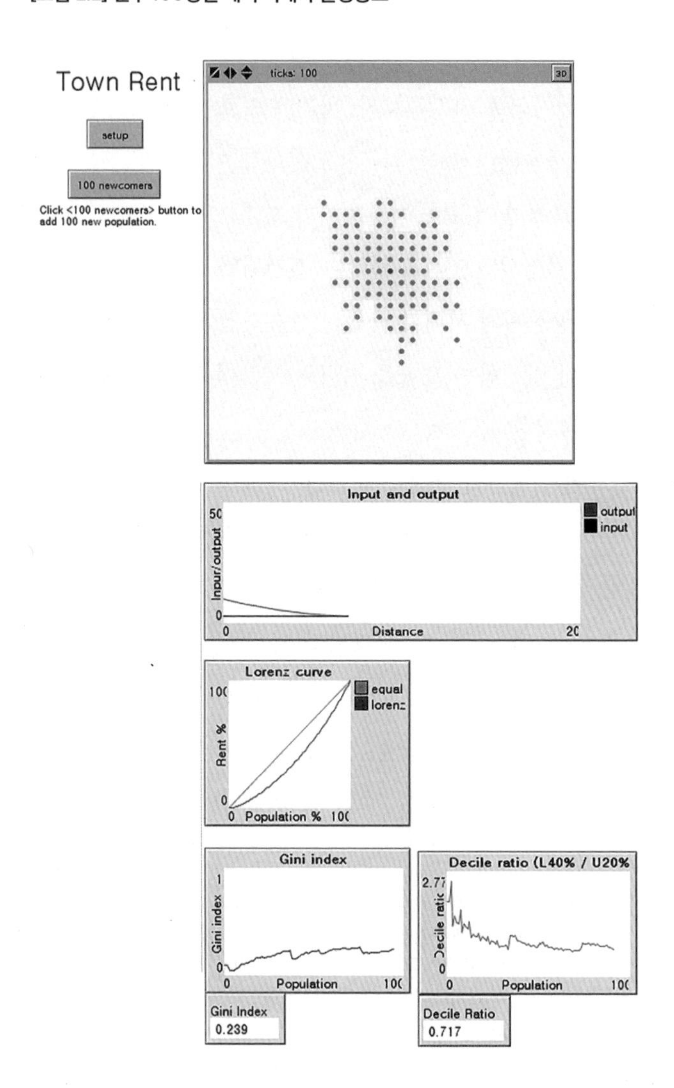

〈SETUP〉을 누르면 시뮬레이션이 초기화되고 그 아래에 있는 사각형 단추를 누르면 인구가 100명씩 추가된다. [그림 2.2]는 100명이 도시에 정착했을 때의 모습이다. 이런 식으로 인구가 1명에서 500명까지 증가함에 따라 지대와 그 불평등도가 변화하는 모습을 보게 된다.

마을 사각형 바로 아래에 있는 그래프는 중심지로부터 외곽까지의 지대를 곡선으로 나타낸 것이다. 이렇게 형성된 지대 분포의 불평등도를 측정하기 위해 지니계수와 십분위분배율을 계산하였다. 지니계수는 [그림 2.2]에서 'Lorenz Curve'라는 제목이 붙은 그래프를 참고하면 이해가 쉽다. 로렌츠곡선은 대각선의 오른쪽 아래에 있는 반달 모양의 곡선이다. 로렌츠곡선의 양끝은 꼭지점에 고정되어 있으며, 완전 평등일 때는 대각선과 일치하고 불평등이 커질수록 대각선과 멀어지다가 완전 불평등일 때는 직각삼각형을 이룬다. 즉 시각적으로, 불평등도가 커질수록 로렌츠곡선이 불룩해진다는 것이다. 지니계수는 대각선과 로렌츠곡선이 이루는 도형의 면적을 직각삼각형의 면적으로 나눈 비율이다. 지니계수는 0에서 1사이의 값으로 1에 가까울수록 불평등도가 높다. 예를 들어, 모든 주민의 소득이 동일하다면 0이고 단 한 명이 모든 소득을 독차지한다면 1이다. 십분위분배율은 소득을 기준으로 주민을 10등분 한 다음 하

[그림 2.3] 인구 500명일 때의 지대와 불평등도

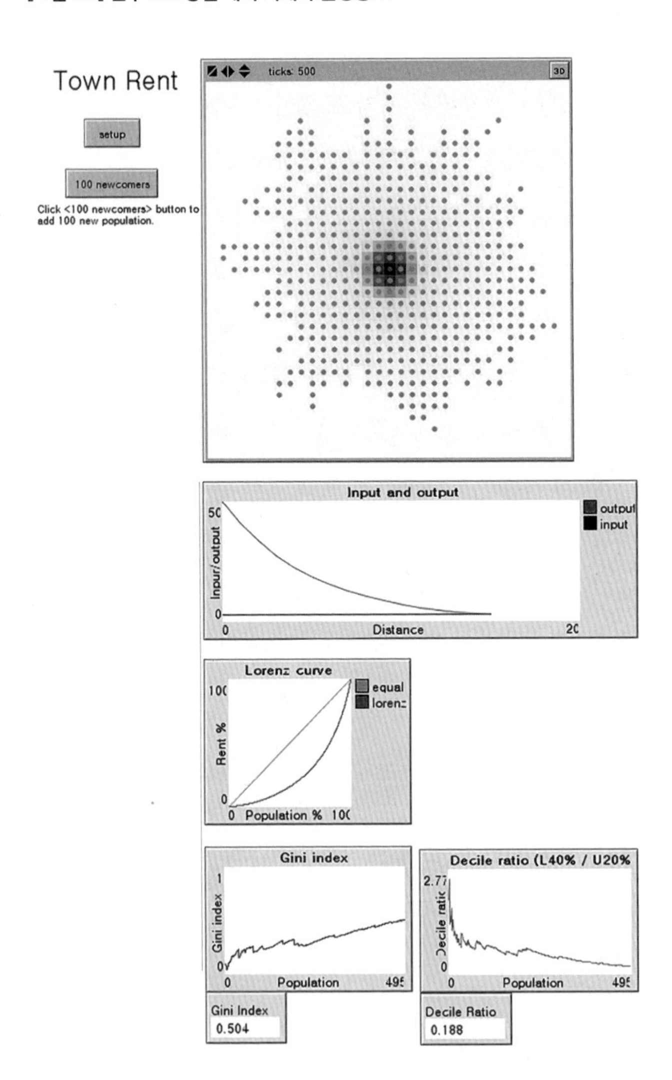

위 40%의 소득을 상위 20%의 소득으로 나눈 값이다. 십분위분배율은 0에서 2사이의 값으로서 지니계수와는 반대로 불평등도가 높을수록 값이 작아진다. 십분위분배율이 0에 가까울수록 불평등도가 높고 모든 계층의 소득이 동일하다면 2가 된다. 하위 40%의 소득이 0이라면 십분위분배율은 0이 된다. [그림 2.2]의 맨 아래에 있는 두 그래프가 인구 증가에 따른 불평등도의 변화를 보여주는데, 왼쪽 그래프가 지니계수이고 오른쪽이 십분위분배율이다.

[그림 2.2]는 인구가 100명일 때의 모습인 반면 [그림 2.3]은 인구가 500명으로 불어났을 때의 모습이다.

두 그림을 비교하면 알 수 있듯이 인구가 증가함에 따라 지대 분포의 불평등도는 점점 커진다. [표 2.3]과 같이 인구가 증가하면 지니계수는 커지고 십분위분배율은 작아진다.

[표 2.3] 인구에 따른 불평등도 지수

인구	지니계수	십분위분배율
100명	0.239	0.717
500명	0.504	0.188

이 시뮬레이션을 통해 도시화가 진전될수록 지대 격차가 커진다는 사실을 확인할 수 있다.

지대로 인한 소득 불평등

제1장 [그림 1.2]에서 보았듯이 소득의 원인에는 노력과 운 이외에 특권이 있다. 이제 대표적인 특권인 토지소유권의 이익 즉 지대가 토지소유자에게 귀속될 경우에 소득 불평등이 야기되는 모습을 시뮬레이션으로 보기로 한다.

시뮬레이션 결과를 보여주는 화면이 [그림 2.4]이다. 이 그림에서 위쪽에 커다란 사각형으로 표시된 마을과 주민이 정착하는 과정에 대한 설명은 앞에서와 같다. 왼쪽 맨 위에 있는 〈SETUP〉 단추를 누르면 주민 500명이 배치된다. 소득의 원인으로서 노력과 운만이 작용한다면 왼쪽 가운데 있는 단추 〈INCOME-FACTORS〉에서 〈effort only〉, 〈effort and luck〉 중 하나를 선택하면 되고 여기에 도시지대를 추가하려면 〈plus urban rent〉를 선택하면 된다. 그런 다음 〈INCOME DISTRIBUTION〉 단추를 누르면 각 주민의 소득이 정해진다.

노력과 운이 같이 작용하는 경우에는 곱하기로 처리하였다.

[그림 2.4] 소득 불평등 시뮬레이션 결과

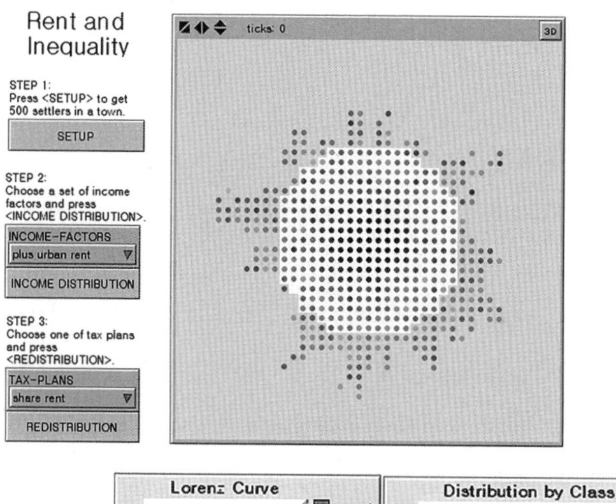

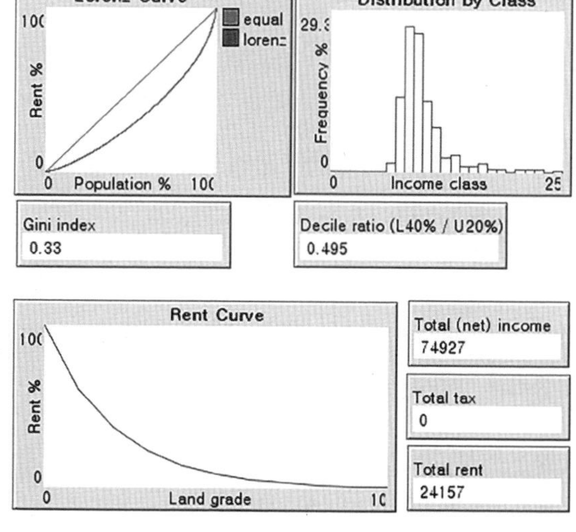

같은 노력을 하더라도 운이 세 배로 좋으면 그 결과도 세 배가 된다고 하는 것이 이해하기 쉬울 테니까. 노력과 운은 정규분포를 하는 것으로 가정하였다. 구체적으로는 다음과 같다.

노력 $\sim N(100, 30^2)$

운 $\sim N(1, 0.3^2)$

자연 현상이나 사회 현상을 다량 관측하여 분포를 그래프로 그려보면 서양식 종을 옆에서 볼 때 나타나는 윤곽처럼 곡선이 되는 경우가 많다. 곡선은 좌우대칭이며 중앙이 가장 높고 중앙에서 멀어질수록 급격하게 낮아지다가 좀 더 멀어지면 완만하게 퍼지는 모양이다. 이러한 모양의 분포 중 가장 대표적인 것이 정규분포이다. 예를 들어 한국 성인 남성 신장의 경우 평균 신장 근처에 많은 사람들이 모여 있고 평균에서 멀어질수록 숫자가 급격하게 줄어드는 것과 같다.

마을 내 정사각형 필지의 한 변의 길이가 1이고 중심지로부터의 거리를 X라고 하면 특정 필지의 지대는 다음 식으로 계산하였다.

도시지대 = $1000 \times \exp(-0.5X)$

도시 토지의 생산성은 도심지에서 매우 높고 외곽으로 나갈수록 급격하게 낮아지는 것이 보통이다. 이런 도시의 지대는 부負의 지수함수negative exponential function와 흡사하므로 위와 같은 함수를 사용하였다. 이 식에 의하면 중심지의 도시지대는 노력에 의한 소득 평균의 10배인 1000이며 중심지에서 멀어질수록 급격하게 지대가 줄어들면서 0에 가까워진다. 도시 지대곡선의 모양은 [그림 2.4] 시뮬레이션 화면의 Rent Curve와 같다.

〈INCOME DISTRIBUTION〉 단추를 눌러 개인별로 노력,

[표 2.4] 첫 정착민 7명의 소득 내역 예시

정착 순서	노력	운	노력×운	도시지대	총소득
1	50	1.37	68	1,000	1,068
2	110	0.84	93	607	699
3	161	1.67	270	607	877
4	113	1.17	132	368	500
5	124	1.35	168	493	661
6	99	0.60	59	607	666
7	92	1.40	128	327	455

운에 지대를 더하여 소득이 결정되는데, 주민 500명 중 정착 순서에 따라 첫 7명의 소득을 예시하면 [표 2.4]와 같다.

앞에서 설명했듯이 모든 주민의 노력과 운은 정규분포에 따라 무작위로 배정되고 지대는 정착지가 정해지면 지대곡선에 따라 계산된다. 따라서 노력과 운은 정착 순서와 무관하지만, 지대는 마을 중심에 가까울수록 높다. 그래서 표에 예시된 첫 정착민 7인의 지대 소득은 상당히 높으며, 지대를 합한 각 주민의 소득도 대체로 정착 순서가 먼저일수록 높다.

이렇게 결정된 소득의 순위에 따라 정렬시켜 [표 2.5]와 같이 정리하였다.

도시지역 고소득자의 소득 중에 지대소득이 무려 90% 정도인 것이 눈에 띈다. 도시화가 될수록 지대로 인한 불평등이 커진다는 걸 잘 알 수 있다.

각 주민의 소득이 결정된 후 원인별 소득과 소득 불평등도를 계산해보니 [표 2.6]과 같은 결과가 나왔다.

소득 불평등도는 소득 원인이 단지 노력뿐일 경우가 가장 낮고 운이 가미되면 높아지고 지대가 추가되면 훨씬 더 높아진다.

시뮬레이션 화면에 표시되지는 않으나, 개별 주민의 총소득에 원인별 소득이 어느 정도 영향을 주는지를 알기 위해 필자가 별도로 둘 사이의 상관계수를 구해보았다. 상관계수는 두 변

[표 2.5] 도시 주민의 소득 구성

소득 순위	소득	노력	운	노력×운	지대	지대/소득 (%)
1	1,068	50	1.37	68	1,000	94
5	666	99	0.60	59	607	91
10	500	113	1.17	132	368	74
20	412	105	0.81	85	327	79
50	245	157	1.39	219	26	11
100	184	195	0.88	171	14	7
150	162	121	1.15	140	22	14
200	138	86	0.65	56	82	60
300	108	74	1.33	98	10	9
400	79	105	0.56	59	20	25
500	10	12	0.79	10	0	0

[표 2.6] 원인별 소득의 불평등도

원인	전체 주민소득	지니계수	십분위분배율
노력	50,214	0.17	1.00
노력×운	50,432	0.23	0.74
노력×운 + 도시지대	74,537	0.33	0.48

수 사이의 관계가 전혀 없으면 0, 완전한 비례관계이면 1, 완전한 반비례관계이면 -1이 된다. 계산 결과 개별 주민의 총소득과 노력에 의한 소득과의 상관계수는 0.22, 총소득과 노력×운에 의한 소득과의 상관계수는 0.39, 총소득과 지대 소득과의 상관계수는 0.92로 나타났다. 즉 개별 주민의 총소득은 노력과의 상관관계는 적고 지대와의 상관관계는 매우 높음을 알 수 있다. 제1장의 2절(정의로운 소득 분배)에서 보았듯이 균형형 제도의 경우, 운에 관해서는 의견이 다를 수 있지만 노력은 정당한 원인이고 특권은 부당한 원인이라는 점에 대해서는 이론이 없다.

그런데도 안타깝게도 노력과 총소득과의 상관관계가 낮은 반면 특권이익인 지대가 총소득에 큰 영향을 주는 모습이 확인된다.

이처럼 도시화가 될수록 지대에 의한 소득 불평등이 커진다는 사실이 확인된다. 이 시뮬레이션에서는 각 주민의 소유 면적이 동일하다고 가정하였으나 현실에서처럼 토지 소유가 편중되어 있는 경우에는 지대로 인한 소득 불평등은 더욱 커진다.

지대 불평등 해소 수단: 소득세와 지대세의 비교

앞에서 도시화에 따라 지대가 소득 불평등에 얼마나 큰 영향을 미치는지 살펴보았으므로 이제 이러한 부당한 불평등을 시정할 대책을 검토할 단계가 되었다. 시정 대책으로 강력한 누진소득세와 지대를 100% 환수하는 지대세의 효과를 비교해본다.

우선 소득세를 부과하면 불평등도가 어떻게 달라지는지를 보자. 소득 불평등 시뮬레이션의 〈TAX PLANS〉 단추에서 〈income tax〉를 선택하면 이 작업이 수행된다. 누진소득세는 [표 2.7]처럼 매우 가파른 누진세율 체계를 가진 것으로 설정하였다. 평균소득에서 표준편차 2배를 초과하는 고소득자에 대해서는 세율 80%를 적용하는 강력한 누진세이다.*

[표 2.7]의 세율에 따라 누진소득세를 과세하면 총세액은 16,931로 전체 주민소득의 22.7%에 달하며 잔여 소득의 불평등도는 지니계수가 0.26, 십분위분배율은 0.67이 되었다. [표 2.6]에서 지니계수가 0.33, 십분위분배율이 0.48인 것과 비교해 보면 상당한 정도로 불평등이 감소하였음을 알 수 있다.

그러나 누진소득세 대신 지대를 환수하면 더 인상적인 결과를 얻게 된다. 지대를 모두 환수하면 소득 분포는 당연히 노력×운만 작용한 경우와 같아지고 따라서 불평등이 줄어든다. 앞의 [표 2.6]처럼 지니계수는 0.23으로 작아지고, 십분위분배율

* 참고로 2018년 현재 우리나라 종합소득세율은 아래 표와 같다. 여기에 지방소득세가 소득세액의 10% 추가된다. 그러나 현실에서는 갖가지 공제제도가 있기 때문에 실제 세율은 더 낮다.

	소득 구간	구간 세율
우리나라 종합소득세율 (2018년 현재)	1,200만 원 이하	6%
	4,600만 원 이하	15%
	8,800만 원 이하	24%
	1.5억 원 이하	35%
	3억 원 이하	38%
	5억 원 이하	40%
	5억 원 초과	42%

[표 2.7] 시뮬레이션에 적용한 누진소득세율

소득 구간	구간 세율
(평균-표준편차) 이하	0%
(평균-표준편차) ~ 평균 이하	20%
평균 ~ (평균+표준편차) 이하	40%
(평균+표준편차) ~ (평균+표준편차×2) 이하	60%
(평균+표준편차×2) 초과	80%

은 0.74로 커진다. 불평등도 수치만 보면 강력한 누진소득세에 비해 불평등 시정 효과가 약간 더 큰 정도이다.

시뮬레이션 화면에는 표시되지 않지만, 필자가 누진소득세 또는 지대세를 징수한 후의 소득과 원인별 소득과의 상관관계를 계산해보았더니 [표 2.8]과 같이 나타났다. 누진소득세를 징수할 경우에 비해서, 지대를 환수하면 세후 소득과 노력의 상관관계 그리고 세후 소득과 노력×운과의 상관관계가 더 높아지고 세후 소득과 지대와의 상관관계가 더 낮아지는 좋은 결과를

[표 2.8] 과세 후 소득과 원인별 소득과의 상관관계 변화

과세 후 소득	노력	노력×운	지대
누진소득세 후	0.22→0.31	0.39→0.53	0.92→0.80
지대세 후	0.22→0.70	0.39→1.00	0.92→0.00

얻을 수 있다는 것이다. 뿐만 아니라 노력을 정당한 원인으로 여기는 균형형 제도에서는 노력의 결과에 대해서도 과세하는 소득세는 원칙적으로 어울리지 않는다.

특권 대책 3원칙에서 특권이익을 환수하여 공평하게 처리한다고 하였다. 공평한 처리에는 환수한 지대를 공공재원으로 삼는 방법도 있고 모든 주민에게 균등하게 분배하는 방법도 있다. 여기에서는 일단 균등 분배하는 경우만 다룬다. 징수한 지대를 모든 주민이 균등하게 나누어 가질 경우를 보려면 시뮬레이션 화면의 〈TAX-PLANS〉 단추에서 〈share rent〉를 선택하면 된다. 그 결과는 [표 2.9]와 같다. 이 표에서 보듯이 환수한 지대를 균등하게 분배하면 소득 불평등 감소 효과는 더욱 커진다.

[표 2.9] 지대 처리 방법에 따른 불평등도

지대 처리 방법	지니계수	십분위분배율
지대 환수	0.23	0.74
지대 환수 + 균등 분배	0.16	1.03

지금까지 소개한 시뮬레이션 결과의 의미를 요약하면 다음과 같다.

— 분배의 불평등도는 노력 외에 운이 가미되면 커지고, 지대가 추가되면 더욱 커진다.

— 누진소득세 징수와 지대 환수 모두 불평등도를 줄이지만, 지대로 인한 부당한 불평등을 해소하는 데는 지대 환수가 더 적합하다.

— 환수한 지대를 모든 주민에게 균등 분배하면 불평등도는 더 줄어든다.

시장주의인가, 방임주의인가?

신임 서승환 국토교통부 장관은 박근혜 부동산 공약에 상당한 영향을 주었다고 알려져 있다. 따라서 그의 부동산관을 살펴보면 새 정부 부동산 정책의 방향을 짐작할 수 있을 것으로 생각된다.

그의 저서 『부동산과 시장경제』에서 정부와 시장의 관계를 이렇게 보고 있다. "중앙정부가 결정하든 시장기구가 결정하든 각각의 메카니즘이 완벽하게 작동한다면 수요에 정확하게 부응하는 공급이 이루어질 수 있다. 두 가지 경우 다 현실적으로 완벽하게 존재하기는 불가능하다. 그렇다면 토지자원에 대한 의사결정은 누가 해야 하는가? 당연히 시장기구가 될 수밖에 없다. 시장을 이길 수 있는 정부와 단체가 없다는 것은 이미 역사적으로 입증이 끝난 사실이다." 이런 입장의 서 장관은 다주택자에 대한 양도세 중과세를 폐지하려고 하며, 분양가 상한제와 분양원가 공개에 대해서도 비판적이다.

"정부가 시장을 이길 수 없다"는 서 장관의 견해에도 일리는 있다. 정부가 시장을 배제하거나 대체하려고 해봤자 결국 '지하경제'를 키우고 말기 때문이다. 그러나 서 장관의 부동산관은 시장주의라기보다는 방임주의에 더 가깝다. 흔히 시장주의와 방임주의는 같은 것이라고 오해하지만 실은 그렇지 않다. 진정한 시장주의라면 정부의 손을 묶고 시장에만 맡기자고 하지는 않을 것이다. 시장이 사회에 도움이 되려면 제대로 작동하는 시장이 필요한데 정부가 도움이 될 수 있기 때문이다. 무엇보다도, 시장이 존재하려면 정부가 재산권을 설정하고 거래를 보호해야 하지 않는가? 정부는 시장의 적이 아니다.

부동산 시장처럼 시장이 만성적으로 실패하는 경우는 더욱 그렇다. 시장이 제대로 작동한다면 부동산에서 생기는 불로소득은 극히 일시적·부분적이어야 하며 시장 작용에 의해 큰 피해 없이 제자리로 돌아와야 한다. 그런데 우리가 경험해온 부동산 시장은 그렇지 않았다. 국회 인사청문회에서 부동산 투기 이력이 단골손님으로 등장하는 이유는 바로 부동산 시장이 만성적으로 실패 상태에 있기 때문이다.

서 장관이 염려하는 주택경기의 침체도 마찬가지다. 시장이 제대로 작동하지 않는 가운데 정부마저 부동산 불로소득을 방치하면 주기적으로 투기 수요가 발생한다. 그러면 건설업자들이 투기 수요에 장단을 맞추어 주택을 실수요 이상으로 공급하게 된다. 그러다가 주택경기가 하강하면 매입 수요가 줄어 주택 미분양 사태가 발생하며 임차 수요가 늘어나면서 전월세 대란이 발생한다. 이런 사실을 직시한다면 정부가 불로소득을 뿌리 뽑아 부동산 시장에 가수요를 없애고 실수요만 나타나도록 도와야 한다.

부동산 불로소득을 없애는 최선의 수단은 양도소득세가 아닌 토지보유세다. 양도소득세는 소유자가 매각을 기피하는 '동결효과'라는 부작용이 있어 시장 거래를 위축시키지만 보유세는 오히려 거래를 촉진한다. 그러므로 진정한 시장주의자라면 양도소득세를 축소하기보다는 토지보유세를 올리자고 해야 한다. 토지보유세의 우수성은 서 장관 자신이 저서와 논문에서 인정하고 있을 뿐 아니라, 경제학자치고 그 우수성을 인정하지 않는 사람은 없다. 토지보유세 강화로 인해 시장에서 가수요가 사라지고 거래가 정상적으로 이루어지면 서 장관이 비판하는 분양가 상한제와 분양원가 공개도 필요 없다.

그런데 서 장관은 토지보유세 강화에는 오히려 부정적인 태도를 보여 왔다. 시장주의가 아닌 단순한 방임주의는 시장이 아니라 기득권층을 돕게 된다. 걱정이다.

(『한겨레』 2013. 3. 14)

시장을 이기는 정부는 없다?

정부가 8·2 부동산 대책을 내놓은 지 40일이 되었다. 지난 5일에는 대구 수성구가 투기과열지구로 추가 지정되면서 우리 지역에서도 부동산 대책이 주목받고 있다. 추미애 더불어민주당 대표는 지난 4일 국회 교섭단체대표 연설에서 "지대개혁을 해내야 양극화 해소와 불평등 사회를 바로잡을 수 있다"고 하면서 더 근본적인 개혁을 요구하였다. 반면, 8·2 부동산 대책 발표 직후 당시 바른정당 대표였던 이혜훈 의원은 "시장을 이기는 정부는 없다"고 하면서 정부를 비판하였다. 자칭 '시장주의자'들이 이 의원과 비슷한 주장을 하는 경우가 많으므로 한번 다루어볼 만하다.

도둑을 완전히 막을 방법이 없는 현실에서 "도둑을 이기는 경찰은 없다"고 하면 그럴듯하게 들리지만, 경찰이 손 놓고 가만히 있으라는 뜻은 아니다. 이 의원이 인용한 표현도 "정부는 시장에 개입하지 말라"가 아니라 "정부가 시장을 대체할 수는 없다"는 뜻으로 이해하는 것이 옳다. 필자도 시장의 역할을 중시한다는 점에서 시장주의자다. 신체에 비유하자면 정부는 의식적 조절 기능을 가진 대뇌와 같고 시장은 대뇌의 직접적인 영향에서 떨어져 기능하는 자율신경계와 같다. 그렇지만 자율신경계의 작동에 영향을 주는 영양, 위생, 운동, 휴식, 마음 다스리기 등에는 대뇌의 판단과 의지가 중요하다. 그런 의미에서 정부가 시장을 방해해서도 안 되지만 방치해서도 안 된다.

또 이혜훈 의원은 "투기 수요라고 억누르기만 해서는 안 된다"고도 했다고 한다. 이 말 역시 투기를 용인하자는 취지는 아니라고 믿고 싶다. 부동산투기는 부당한 빈부격차를 야기한다. 뿐만 아니라 실수요 외에 투기적 가수요까지 충족시키기 위해 공급을 확대하다 보면 공급 과잉으로 이어져 부동산 활황과 불황이 교차하는 소위 '붐-버스트'의 악순환을 야기한다. 그 진폭이 큰 경우에는 2008년 미국발 금융위기 같은 사태가 불거진다. 경제학자 출신인 이 의원이 이런 사실을 모를 리 없다.

꿀 냄새를 맡고 몰려드는 개미를 근본적으로 막으려면 꿀을 치우면 되듯이, 부동산투기를 근본적으로 막으려면 토지 불로소득을 없애면 된다. 부동산은 건물과 토지의 합성체이지만 거의 모든 건물은 시간의 흐름에 따라 가치가 하락하기 때문에 투기 대책에서는 토지 불로소득에만 신경 쓰면 된다.

시장 참가자들이 거래 대상에 대한 완전한 정보를 가지는 완전경쟁시장에서는 투기적 가수요가 발생하지 않는다. 단지 토지를 소유한다는 이유만으로는 이익을 얻을 수 없고 토지를 제대로 사용하지 않으면 오히려 손해를 본다. 그러나 현실 토지시장은 그렇지 않으므로, 정부가 나서서 완전경쟁시장과 같은 결과가 나타나도록 보완할 필요가 있다. 최선의 수단은 [토지의 임대가치 — 매입지가에 대한 이자]를 매년 토지보유세로 징수하는 것이다. 토지소유자는 매입지가에 대한 이자 이상의 소득을 얻을 수 없으므로 투기의 이유가 사라진다. 시장은 정부 덕에 더 잘 작동하고 정부는 시장 덕에 개입을 최소화할 수 있다.

대부분의 세금과는 달리 토지보유세가 시장친화적이라는 사실은 경제학의 상식이다. 교과서에 따르면, 토지는 존재량이 일정하므로 보유세를 부과하더라도 공급이 변하지 않으며 토지소유자가 세금을 전가할 수도 없다. 추미애 더불어민주당 대표가 19세기 미국의 토지사상가 헨리 조지를 거론하면서 토지보유세 강화를 제안한 것도, 이 세금이 정의로운 동시에 시장친화적임을 잘 알기 때문일 것이다.

2008년 총선에서 한나라당 소속으로 당선된 이혜훈 의원은 종합부동산세를 축소하는 내용의 법안을 발의했었다. 그것도 18대 국회가 시작되는 6월 1일, 이른 새벽부터 기다려서 1호로 접수시켰다. 그래서 이번 8·2 대책 비판에 대해서도 지역구인 강남의 노른자위 서초갑 주민의 표심을 의식한 것은 아닌가라는 의구심이 있다. 이 의원이 의구심에서 자유로워지는 방법이 있다. 추미애 대표처럼 토지보유세 강화를 추진하면 된다. 그러면 종부세 반대와 8·2 대책 비판이, 시장친화적이고 더 세련된 부동산정책을 추구하는 충정의 표현이었다고 이해받을 수 있을 것이다.

(『영남일보』 2017. 9. 11)

양도세가 징벌적? 그럼 소득세는 약탈적!

이명박 정부의 부동산 사랑은 각별하다. 다주택자에 대한 양도소득세(이하 '양도세')를 무겁게 매기도록 되어 있는 세법을 2년간 더 적용하지 않기로 하였다고 한다. 이미 2009년부터 내년까지 한시적으로 적용해온 조치를 더 연장하겠다는 것이다. 그동안 중과세를 아예 폐지하려고 시도해왔지만 부자 편들기라는 따가운 눈총 때문인지 다소간 후퇴하였다.

부동산을 사고팔아서 남긴 이익을 일반 소득과 분리해서 과세하는 것은 당연히 더 무겁게 과세하기 위해서다. 선량한 땀이 배이지 않는 소득이기 때문이다. 그런데 이명박 정부는 양도세 기본세율을 종합소득세율과 같도록 낮추었을 뿐 아니라 다주택 중과세마저 무력화하고 있다. 그러면 양도세는 사실상 폐지된다.

양도세가 징벌적이면 소득세는 약탈적

정부도 다주택자 양도세를 무력화하려니까 명분 찾기가 매우 궁색했던 모양이다. 그래서인지 박재완 기획재정부 장관은 다주택자에 대해 양도세를 무겁게 매기는 것은 "징벌적 과세"라고 비난하였다. 지난달 11일 방송기자클럽 토론회에서 나온 말인데 전에도 여러 차례 이런 표현을 사용하였다고 하니 말 실수는 아닌 것 같다.

박 장관은 "집을 여러 채 소유하는 게 무슨 잘못이라고 양도세를 무겁게 매기나?"라고 생각하는 모양이다. 그렇다면 박 장관에게 묻고 싶다. 근로소득에는 왜 세금을 매기나? 그건 '징벌적'이 아닌가? 아무런 생산적인 노력 없이 집을 단순히 사고팔아서 얻는 양도소득과 노력과 기여의 대가로 얻는 근로소득 중 어느 쪽에 매기는 세금이 더 징벌적인가? 당연히 소득세 쪽이다. 양도세가 징벌적이라면 소득세는 가히 약탈적이다.

소득에는 노력소득과 불로소득이 있다. 조세의 징벌적인 성격을 줄이려면 당연히 불로소득에 먼저 과세하고 그걸로 부족할 경우에 한하여 노력소득에 과세해야 한다. 부동산, 특히 인공물이 아닌 토지에서 생기는 소득은 특권적 불로소득이다. 이걸 해소하는 최선의 수단은 토지보유세이며 토지보유세를 강화하면 양도소득 자체가 줄어든다는 사실은 교과서에 다 나오는 진리이다. 그러나 토지보유세가 낮은 현실에서는 양도세라도 무겁게 과세해야 한다. 세율은 물론 100%가 이상적이다. 그래야 더 징벌적인 또는 약탈적인 조세를 줄일 수 있다.

전세난 해결에 도움이 된다고?

양도세 무력화의 명분을 찾기가 어려워서인지, 정부는 현실적인 이유를 내세우기도 한다. 전세난을 해소하는 데 도움이 된다는 것이다. 양도세 부담을 덜어주면 실수요자가 전세보다 매입을 선호하게 될 것이고 또 다주택 소유자가 늘어나서 남는 집을 전세로 내놓을 것이므로, 전세 수요는 줄고 공급은 늘어난다는 게 정부의 주장이다.
그러나 양도세를 깎아준다고 해서 매입 수요가 늘어날지는 의문이다. 2009년부터 지금껏 다주택 중과세를 유예해왔지만 정부가 기대한 효과는 나타나지 않았다. 다주택 소유를 촉진해서 전세난을 해소하겠다는 생각도 부자 편들기일 뿐 상식 밖의 발상이다. 또 여러 가지 수단을 동원해서 부동산 경기를 살린다고 해도 문제다. 그럴 경우에는 부동산 과열과 침체가 번갈아 나타나게 되고, 침체기에는 전세난이 재발한다.
당연히 징수해야 할 세금을 감면하면 정부가 보조금을 주는 셈이다. 이왕 보조금을 준다면 주택 소유자보다는 집을 구하는 무주택자에게 주어야 한다. 하나의 방안을 제시하자면, 무주택자에게 전세금과 매입가의 차이만큼 무이자 내지 저이자로 빌려주면 된다. 매입 수요가 늘고 전세 수요가 줄어 미분양 사태와 전세난을 동시에 해결할 수 있고 자가 소유율도 높아진다. 이명박 정부가 지향한다고 주장하는 '공정사회'를 위해서도 꼭 필요하다.

1가구 1주택 양도세 면제도 옳지 않다

1가구 1주택 양도세에 대해서도 오해가 많다. 집이 한 채밖에 없는 사람이 양도세를 내고 나면 같은 집을 새로 매입할 수 없기 때문에, 1가구 1주택에 대해서는 양도세를 면제하는 게 옳다고들 생각하고 세제 역시 그렇게 되어 있다. 그러나 1가구 1주택이라고 해서 불로소득을 징수하지 않는다면 그 대신 약탈적 조세를 더 징수해야 한다는 딜레마에 빠진다.
조금만 생각해보면 딜레마를 벗어나는 방법이 있다. 집을 팔고 새로 살 경우에는 양도세액 만큼을 무이자로 (또는 저이자로) 빌려주면 된다. (양도세를 부과만 하고 징수를 유예해도 된다.) 그러면 양도세 때문에 집을 축소할 필요가 없다. 다른 집을 새로 매입하지 않거나 소유하던 집을 상속·증여할 때 빌려준 돈을 회수하면 불로소득도 막을 수 있다.

이명박 정부는 부자 편에 서 있고 특히 부동산에 대해서는 이상할 정도로 집착하기 때문에, 양도세 무력화는 정부 의도대로 실현될 것이라고 예상하는 국민이 많을 것이다. 그러나 이번만이라도 예상이 적중하지 않았으면 좋겠다. 앞으로 거쳐야 하는 당정협의에 기대를 걸어보고 싶다. 홍준표 한나라당 대표는 부동산 투기에 상당히 부정적인 것으로 알려져 있고 새로 선출된 최고위원이나 원내 대표도 전과는 좀 달라 보이기 때문이다. (순진한 소리 하지 말고 소나 키우라고요?)

(『평화뉴스』 2011. 8. 15)

3

지공주의,
행복한 세상의 기초

제1장에서 사회제도를 다수결로 결정한다면 균형형 제도가 채택될 것이고 토지사유제는 균형형 제도에서 인정될 수 없는 특권적 제도라고 하였다. 제2장에서는 진정한 사유재산제와 시장경제를 위해서는 토지특권의 이익인 지대를 환수하여 공평하게 처리해야 한다고 하였다. 이러한 인식에 기반을 두는 사상을 저자는 '지공주의'地公主義라고 부른다. 제3장에서는 지공주의를 기초로 하는 행복한 세상을 설계해보려고 한다. 우선, 지공주의에서는 베짱이가 개미에게 의존하지 않고 자신의 돈으로 자기 삶을 보장하는 복지가 가능함을 보인다. 그리고 지공주의는 토지 문제를 넘어 더 큰 틀에서 사회 갈등을 해소할 수 있음을 보인다. 끝으로, 다수 주민이 지지하는 균형형 제도를 실현할 수 있는 정치 개혁을 모색한다.

1. 지공주의와 재분배 없는 복지

생존권보험

모든 인간이 존엄하다면 모든 인간의 생존권이 보장되어야 하며 그러자면 절대빈곤에 빠지는 사람이 없어야 한다. 하지만 흔히 복지는 개미의 돈으로 베짱이를 먹여 살리는 것으로서 재분배가 불가피하므로 시장경제에 어울리지 않는다고 생각한다. 그러나 지공주의 사회에서는 재분배 없이 누구나 '자기 돈으로 자기 삶을 보장'하는 복지제도를 마련할 수 있다. 환수한 특권이익에 대해서는 모든 국민이 동일한 지분을 가지므로 각자 그 지분을 활용하여 자기 삶을 보장하면 된다.

복지를 제공하는 방식에는 특정한 조건을 갖춘 사람에게만 급여하는 선별적 복지와 선별 없이 모든 국민에게 급여하는 보편적 복지가 있다. 심사를 통해 해당자를 골라 급여하는 전통적 방식은 선별적 복지의 예이고, 아무런 조건도 제약도 없이 모든 국민에게 동일한 금액을 나누어주는 기본소득basic income은 보편적 복지의 예이다. 선별적 복지는 선별하는 데 비용이 들고 그 과정에서 수치심을 유발한다는 비판이 있지만 예산을 적게 들이고도 1인당 지급액을 높일 수 있다는 장점이 있다. 보편적 복지는 선별 과정이 필요 없다는 장점이 있으나, 재원이 더 많이 필요하면서도 정작 필요한 사람에 대한 급여액이 많아지기 어렵다는 단점이 있다. 저자는 선별적 복지인 보험 방식을 선호한다. 선별적 복지에 대해 흔히 지적되는 단점 즉 선별 비용이나 수치심 등의 문제는 오늘날 별로 크지 않다고 보기 때문이다. 소득세, 재산세 등이 존재하는 한 소득은 물론이고 부동산, 금융, 자동차 등 자산 소유 상태를 파악해야 하므로 선별을 위해 추가 비용이 드는 것이 아니며, 또 오늘날 이런한 자료는 대부분의 전산화되어 있어 당사자나 주변 사람들을 대상으로 특별한 조사가 필요한 것도 아니다.

이제 선별적 복지의 한 예로서, 자신의 돈으로 자기 삶을 보장하는 복지 즉 재분배 없는 시장친화적 복지제도인 '생존권보험'을 설계해보자. 사회가 관심을 가져야 할 개인 생활비에는 의식주와 같이 상시적으로 필요한 비용과 의료(요양 포함), 교육(보육 포함)처럼 특정한 상태 또는 시기에 일시적으로 드는 비용이 있다. 전자를 '상시비용', 후자를 '일시비용'이라고 부르자. 생존권보험은 기본적인 상시비용을 보장하기 위한 복지제도이다. 핵심적인 내용은 다음과 같다.

— 모든 국민은 수태 시점에 생존권보험에 자동 가입한 것으로 간주한다.
— 보험료는 특권이익에 대한 각 국민의 지분으로 납부한다. 수태 전의 모든 잠재적인 인간은 불우한 인생에 처할 확률이 동일하기 때문에 모든 국민의 보험료는 같다.
— 보험사고는 소득이 상시비용에 미달하는 상태를 말하며 사고가 발생하면 그 차액만큼 보험금을 지급한다.
— 보험금 수령자가 추후에 일정 수준 이상의 소득을 얻을 경우에는 수령한 보험금을 상환한다.

일반 보험과 비교하면 생존권보험의 보험사고는 두 가지 면에서 특별하다.

첫째로, 일반 보험과는 달리 보험사고의 발생 여부가 참조기간에 따라 달라질 수 있다는 것이다. 인생에는 기복이 있기 마련이어서, 일생 동안 엄청난 소득을 버는 사람도 일시적으로는 경제적 어려움에 처하는 수가 있고 스키장이나 해수욕장처럼 계절에 따라 소득에 큰 차이를 보이는 업종도 있다. 이런 경우에 짧은 기간을 단위로 보면 보험사고이지만 긴 기간을 단위로 보면 보험사고가 아닌 경우가 생긴다. 물론 단기간이라도 빈곤에 빠진 사람에게는 일단 보험금을 지급해서 상시비용을 보장해주어야 한다. 하지만, 장기간을 통산하여 실제 소득이 상시비용보다 많다면 보험금을 지급할 이유가 없으므로 지급한 보험금을 돌려받는다. 즉 생존권보험금에는 조건부 상환의무가 따른다는 것이다.

상환의무의 이행을 담보하기 위해서 상환금 예치제도도 두고 있다. 소득이 높은 사람도 장래에 보험사고를 당할 수 있으므로 그럴 경우에 필요한 상환금을 미리 적립해둔다. 노령에 이르기까지 적립된 금액이 보험금 수령액을 초과하면 그 차액에 이자를 붙여 돌려준다. 이런 경우에 적립금은 노후 생활에 대비하는 연금에 가입한 것과 같은 효과를 낸다.

다만, 장기간의 합산 소득이 상시비용을 초과하자마자 상환을 시작한다면 보험사고에서 벗어나려는 유인이 적을 수도 있다. 이런 문제는 근로장려세제로 보완할 수 있다. 전통적인 복지 급여는 최저 생활비를 정해 놓고 그 이하의 소득을 얻는 빈곤자에게 차액을 지급하는 방식을 취해왔다. 그 결과, 복지수급자는 근로소득의 크기에 관계없이 결과적으로 동일한 소득을 가지게 되므로 근로소득을 벌어 수급자 상태를 벗어날 인센티브가 없었다. 근로장려세제Earned Income Tax Credit, EITC는 이 문제를 해결하려고 고안된 제도이다. 복지 수급자가 다른 소득을 얻을 경우에 수급액이 소득만큼 줄어드는 것이 아니라 소득세제를 조절하여 추가 소득의 일정 부분을 자신이 가질 수 있도록 하여 근로 의욕을 자극한다.

둘째로, 자신의 선택에 따라 빈곤하게 사는 자발적 빈곤자의 경우도 보험사고로 본다. 일반 보험에서는 보험사고의 요건으로 우연성이 필요하다. 즉 피보험자의 고의가 개입되지 않아야 보험금을 지급한다는 것이다. 그러나 생존권보험의 목적은 누구에게나 인간다운 생활을 보장하는 데 있다. 인간은 누구나 행복할 권리가 있고, 하기 싫은 일을 생계를 위해 억지로 하는 것은 인간다운 삶이 아니다. 또 특권이익에 대해서는 모든 사람이 동일한 지분을 갖고 있는데, 보험 방식을 취한다고 해서 자기 삶을 위해 그 지분을 사용할 권리를 박탈하는 것은 옳지 않다. 이런 이유에서 자발적 빈곤자에게도 보험금을 지급한다.

기존 사회에 익숙한 사람들이 자발적 빈곤자에 대한 복지에 의문을 제기하는 것은 무리가 아니다. 성경에도 "누구든지 일하기 싫어하거든 먹지도 말게 하라"(데살로니가 후서 3:10)와 같은 구절이 있고 레닌도, 자본가를 겨냥한 말이기는 하지만, 공산주의 사회 첫 단계에는 이 원칙이 적용된다고 하였을 정도로 보편적 호소력이 있다. 또 자발적 빈곤자에게 생존권보험의 보험금을 지급한다면 베짱이처럼 일하지 않고 놀기만 하는 게으름뱅이까지 보호하는 게 아닌가 하는 의문도 있을 것이다. 먹고살기 위해 싫은 일도 억지로 해온 세상에서는 이런 의문이 제기되는 것이 자연스럽다.

그러나 그저 무의미하게 놀고먹는 것은 인간의 본성이 아니라고 생각한다. 헨리 조지의 표현처럼 "무의미한 일에서 해방된다면 인간은 본성적으로 더 열심히, 더 훌륭히 일하게 되며 그럴 때 자신을 위해 또는 타인을 위해 무언가 일다운 일을 하게"(George, 1879, 김윤상 옮김, 2016: 471) 된다. 세계 여러 나라에서 특히 사회보장이 잘 된 나라에서 사회봉사 활동이 급속하게 늘어나고 있다는 사실을 보더라도 이 말을 수긍하게 된다. 혹 자신의 길을 찾지 못하고 인생을 허비하는 사람이 있다면 사회가 교육제도 등을 통해 좋은 삶을 살 수 있도록 도와주어야 한다.

생존권보험 외에도 주거복지, 의료복지, 교육복지 등도 필요하며 이들도 균형형 제도의 기반 위에 재분배가 아닌 방식으로 해결할 수 있다. 자세한 내용은 다른 곳으로 미룬다(김윤상, 2013).

복지 재원과 부동산소득

앞에서 특권이익을 재원으로 삼으면 '자기 돈으로 자기 삶을 보장'하는 복지제도를 마련할 수 있다고 하였다. 그렇다면 특권이익의 규모가 궁금해진다. 특권의 종류가 다양한 만큼 특권이익 평가의 난이도도 다양하다. 그중 토지특권은 규모가 엄청나고 평가도 비교적 쉬운 편이므로 실증자료를 통해 추정해보기로 한다.

토지사유제 사회에서는 토지소유자가 지대를 차지하며 시장에서 토지소유권이 거래된다. 일정 기간의 토지사용권 가격을 지대, 무기한 토지사용권인 토지소유권의 가격을 지가라고 부르자. 그러면 토지소유자는 토지를 보유하는 동안 지대를 얻고 토지거래를 통해 매매차액을 얻는다. 소유자가 토지를 타인에게 임대하지 않고 직접 사용하는 경우에는 임대료 수입이 생기지 않지만 그래도 소유자가 지대만큼 이익을 누린다는 점은 변함이 없다. 즉 토지소유자의 특권이익은 임대가치와 매매차익을 합한 금액이다.

우리나라 현실에서 이 규모가 어느 정도일까? 최근의 한 연구를 인용한다. 정부 자료의 한계로 인해 토지만이 아니라 부동산 전체의 소득을 측정하였지만 그 상당 부분이 토지에서 생

[표 3.1] 부동산소득(실현 자본이득 + 임대소득) 추산 (단위: 조 원)

연도	2007	2008	2009	2010	2011	2012	2013	2014	2015
실현 자본이득	275.5	291.9	297.5	299.1	300.3	285.0	263.9	240.3	227.0
임대소득	167.9	178.6	189.0	201.9	214.6	221.9	230.4	242.4	255.1
합계	443.4	470.5	486.4	501.1	514.9	507.0	494.3	482.7	482.1
GDP 대비 (%)	42.5	42.6	42.2	39.6	38.6	36.8	34.6	32.5	30.8

* 출처: 남기업 외(2017): 122.

긴다는 점을 감안하면 이를 통해서도 토지소유자에게 귀속되는 특권이익의 규모를 짐작할 수 있다(남기업 외, 2017; 김윤상 외, 2018).

부동산소득을 부동산 매매차액 즉 실현된 자본이득(명목)과 보유 기간의 임대소득의 합계로 구한 결과가 [표 3.1]에 요약되어 있다. 이를 통해 2007년부터 2015년까지 9년 동안 450조 원 내지 500조 원의 부동산소득이 발생했음을 알 수 있다. 국내총생산GDP 대비 비율은 2008년에 42.6%로 가장 높았고 그 이

후에는 점차 하락했다. 하지만 9년 내내 부동산소득은 GDP의 30%를 초과했고, 9년 평균은 무려 37.8%에 달하는 어마어마한 규모였다.

이런 부동산소득을 누가 가져갔을까? 우리나라 토지소유 편중도는 매우 높다. 2014년 현재 개인 토지 소유자 중 상위 10%가 전체 개인 소유지의 64.7%를, 법인 토지 소유자 중 상위 1%가 전체 법인 소유지의 75.2%를 소유(가액 기준)하고 있다. 또 2008년부터 2014년 6년 사이에 상위 1% 기업이 소유한 부동산은 546조 원에서 966조 원으로 77%가 증가했고, 상위 10대 기업이 소유한 부동산은 180조원에서 448조 원으로 무려 147%가 폭증했다(김영주 국회의원실 제공, 2016). 이런 사실을 감안하면, 부동산소득의 상당 부분을 부동산 과다소유 개인 혹은 법인이 향유했음을 알 수 있다. 요컨대 부동산소득은 소득불평등의 중요한 원인이다.

그런데 토지사유제가 정착되어 대다수 토지소유자가 목돈을 지불하고 토지를 매입한 우리 현실에서 지대를 모두 환수하면 지가가 0으로 추락하게 되어 사유재산을 침해한다는 논란이 거세게 일어날 것으로 염려된다. 또 지가가 단기간에 급락하면 부동산을 담보로 삼아 대출이 많이 이루어지는 현실에서는 채무불이행 사태가 빈발하여 경제위기가 닥칠 수 있다. 따라서 제

[표 3.2] 부동산 순임대소득 (단위: 조 원)

연도	2007	2008	2009	2010	2011	2012	2013	2014	2015
순임대소득	4.1	-27.3	22.2	33.6	24.3	33.7	58.8	82.9	119.2
GDP 대비 (%)	0.4	-2.4	2.0	2.7	1.9	2.4	4.4	5.5	7.6

2장의 1절(토지공개념과 시장경제)에서 제도의 연착륙을 위해 매입지가에 대한 이자를 공제한 나머지 지대를 환수하는 이자공제형 전략을 제시하였다.

그렇다면 지대이자차액이 실제로 얼마나 될까? 앞에서 인용한 연구(남기업 외, 2017)를 활용하면 부동산 순임대소득, 즉 부동산 임대소득에서 부동산 매입가격에 대한 이자를 뺀 나머지 금액을 추정할 수 있다. 그러면 부동산 임대소득의 상당부분이 토지분이라는 점을 감안하여 지대이자차액을 짐작할 수 있다. 그 결과는 [표 3.2]와 같다.

이 표를 보면 최근 수년 동안 금액의 변동이 많고 해마다 상당히 달라진다. 미국발 금융위기가 터진 2008년에는 순임대소득이 음수를 기록하기도 했으나 2009년부터는 금리가 하락하면서 순임대소득이 점차 커지고 2014년부터는 GDP의 5%를 상회하게 되었다. 이런 자료를 감안하면 지대이자차액만으로 복지 재원을 안정적으로 조달하지 못할 수 있기 때문에 재원 확보를 위한 다른 방법도 예비해두는 것이 좋다. 제2장의 1절(토지공개념과 시장경제)에서 제안했듯이 우선 제1단계로 이자공제형 지대세를 도입하여 토지보유세의 우수성에 대해 국민의 이해를 높인 다음 공제액을 줄여서 지대 환수율을 높여가거나 다른 특권이익을 환수하여 활용하는 방안이 있다.

운과 상속·증여

앞에서는 복지 재원에 집중하였으나 다른 공공재원도 사회정의와 경제효율의 기준에서 우수한 조세를 통해 조달하는 것이 바람직하다. 제1장과 제2장에서 보았듯이, 특권이익은 두 기준에 비추어 가장 좋은 세원이며, 토지소유권 이외에 다른 특권이익도 우선적으로 환수하여 공공재원으로 활용해야 한다. 그러나 그것만으로도 충분하지 못하다면 나머지 원인, 즉 인간이 통제할 수 없는 원인인 운에 의한 소득 그리고 수령자로서는 불로

[표 3.3] 운의 종류

명칭	설명	예
운1	노력과 무관하게 심신의 능력에 영향을 주는 운	자질, 생장환경
운2	노력과 결합하여 결과에 영향을 주는 운 (능력 제외)	농사 날씨
운3	노력 및 능력과 무관하게 작용하는 운	돈벼락, 천재지변

소득인 상속·증여 재산은 어떻게 다루어야 할지에 눈길이 가게 된다.

운에도 여러 종류가 있다. 인간의 선천적 자질과 생장환경은 자신의 선택과 무관하게 주어진다. 이런 운은 사람에게 내면화되어 정체성 내지 인격을 형성한다. 반면 이와는 무관하게 외부에서 작용하는 운이 있다. 이런 운도 두 가지로 나눌 수 있다. 노력과 결합하여 결과에 영향을 주는 운, 예를 들면 농사 날씨 같은 것도 있고 노력과 아예 무관한 운, 예를 들면 하늘에서 돈이 벼락처럼 떨어지는 경우나 천재지변과 같은 운도 있다. 각 운을 운1, 운2, 운3이라고 부르기로 한다. 정리해보면 [표 3.3]과 같다.

그럼 균형형 제도에서는 운의 결과를 어떻게 다루어야 할까? 노력이나 특권과는 달리 다음과 같이 세 가지 의견으로 나뉠 것으로 예상된다. 첫째로, 균형형 제도의 취지가 본인이 선택하지 않은 원인이 인생의 유불리에 영향을 미치지 않도록 하는 데 있으므로 모든 운의 결과가 본인에게 귀속되지 않도록 해야 한다는 입장이 있을 것이다. 둘째로, 균형형 제도는 이기적 행동을 허용하지 않는 제도인데 운은 인간의 통제 밖에서 주어지는 원인이므로 여기에서 말하는 이기적 '행동'이 아니라고 인식하여 운의 결과를 모두 본인에게 귀속시키는 것이 옳다는 입장도 있을 것이다.

셋째로, 절충적인 입장이 있다. 그중 하나는 정당성만을 고려하는 이런 극단적인 입장 외에 효율성도 감안하자는 입장이다. 운1에 의해 능력을 부여받은 사람이 이룬 결과를 당사자에게 귀속시켜야 능력을 발휘하여 사회에 기여를 많이 할 것이다. 이 점은 소득과 같은 이익의 반대 즉 처벌과 같은 불이익의 경우를 생각해도 마찬가지이다. 운1에 의해 선천적으로 힘이 센 사람과 약한 사람이 동일한 정도의 폭행을 한다면 힘 센 사람이 야기하는 피해가 더 클 것이다. 그럼 이런 경우에 운1에 의해 타고난 체력의 영향을 무시한다면 두 사람을 동일하게 처벌해야 한다. 피해가 다른데도 처벌이 동일해야 할까? 힘이 센 사람으로 하여금 다른 사람보다 더 많은 주의를 기울이도록 유도할 필요가 있다. 이런 이유에서 운1의 결과는 본인에게 귀속시키는 것이 좋다. 또 운1의 결과는 인격과 일체가 되는데 사회가 이에 관여한다면 인격을 훼손할 우려가 있으므로 그대로 두는 것이 옳다. 반면 운2와 운3은 그 결과를 당사자에게 귀속시키든 말든 효율성 면에서 아무런 차이가 없고 인격과도 무관하다. 다만, 운2는 노력을 해야 소득으로 실현된다는 점에서 운3보다는 정당성이 높다고 볼 수 있다.

절충설 중 또 하나는 결과적 불평등도를 감안해야 한다는 입장이다. 운 자체는 노력에 비해 그리 떳떳한 원인이라고 할 수 없으므로 운이 야기하는 불평등이 너무 심하다면 사회적 합의에 의해 적절히 개입할 필요가 있다는 것이다.

이처럼 운에 관해서 만장일치 합의를 이루기는 어렵다. 노력, 특권, 운은 각각 '좋은 놈, 나쁜 놈, 이상한 놈'이다. 운에 대한 다양한 견해가 존재하는 사회에서 다수결로 결정한다면 환수의 우선순위는 운3, 운2에 의한 이익의 순서가 될 것으로 전망되며, 인격의 일부를 구성하는 운1의 결과는 가장 후순위의 환수 대상이 될 것으로 보인다. 그러나 절충설 중 운이 야기하는 불평등 정도를 고려해야 한다는 입장에서는 다른 순서를 제시할 수도 있다. 운1도 그 영향력이 매우 커서 심한 불평등을 야기한다면 그 우선순위도 재고할 수 있다는 것이다.

관련하여, 유명한 정의의 철학자 존 롤스John Rawls의 견해를 소개한다(Rawls, 1999). 롤스는 운에는 천부적으로 주어지는 운accidents of natural endowment과 사회 상황에 의해 우연히 발생하는 운contingencies of social circumstance이 있다고 하면서 운은 도덕의 관점에서 자의적인arbitrary from a moral point of view 원인이라고 표현하였다. 그러고는, 운에 의해 불평등이 발생하는 것 자체는 불가피하지만 제도를 통해 최불운 계층에게 가장 유리한 결과가 돌아가도록 하는 것이 정의롭다고 하였다. 즉 롤스는 운1에도 사회가 관여해야 한다는 입장이다.

그럼 운처럼 본인의 노력과 무관하게 주어지는 이익인 상속·증여 재산은 어떻게 다루어야 할까? 상속·증여에는 양면성이 있다. 상속자·수증자는 불로소득을 얻는 것이므로 운과 같이 처리하여야 한다는 입장이 있는 반면, 피상속자·증여자가 균형형 제도에 부합하는 방식으로 형성한 재산이라면 그 처분권을 존중해야 한다는 견해도 있다. 이 문제도 역시 재산 형성자의 처분권을 존중하면서도 부의 대물림으로 인한 지나친 불평등도 고려하여 절충점을 찾고 싶다. 지금 우리 현실에서는 상속·증여로 인해 커다란 빈부격차가 발생하고 있다. 그러나 특권이익을 모두 환수하여 공평하게 처리한다면 경제적 격차가 지금 보다 매우 적을 것이고 따라서 상속·증여 재산이 다음 세대의 불평등에 미치는 영향도 훨씬 적을 것으로 예상된다. 그러나 만일 특권이익을 환수해도 상속·증여가 차세대 빈부격차의 큰 원인이 된다면 적절한 조치가 필요하다.

이상을 종합해본다. 특권이익 이외의 추가 공공재원의 우선순위를 정한다면 운3에 의한 소득, 더 필요하다면 운2에 의한 소득이 된다. 운1의 결과와 상속·증여 재산은 불평등에 미치는 영향에 따라 우선순위를 탄력적으로 조정한다. 다만, 불평등에 미치는 영향에 따라 우선순위는 재고할 수도 있다.

2. 화합과 평화를 위한 지공주의

지공주의는 좌도우기

지공주의는 진보 진영과 보수 진영 간에 서로를 이해하고 연합하여 갈등을 해소하는 매개 고리가 될 수 있다. 우선, 현실의 진보 진영과 보수 진영에 속하는 사람들의 지향을 [표 3.4]와 같이 분류해보자.

이 표에서 A, B, C, D는 각기 해당 지향을 갖는 집단을 의미한다. A와 B는 자신의 지향에 합리적인 근거를 제시하면서 자신이든 상대방이든 동일한 원리에 의해 공평하게 대우받기를 바라는 집단이다. 그중 A는 평등과 사회연대를 통한 따뜻한 공존을 지향한다. 사회 속에서 개인의 선택 폭은 너무 좁기 때문에 개인 책임보다는 사회연대가 더 중요하다고 본다. 시장은 사회계층을 1%와 99%로 양극화하는 부작용을 가지고 있으므로

[표 3.4] 진보/보수 진영의 지향

진영 / 태도	진보 (좌파)	보수 (우파)
공존	A 평등, 사회연대, 복지	B 자유, 개인 책임, 시장
이기	C 무임승차, 타인 의존	D 승자 독식, 기득권 보호

정부가 적극 개입하여 높은 수준의 복지를 구현해야 한다고 믿는다. 반면 B는 자유와 개인 책임을 통한 차가운 공존을 지향한다. 개인은 각자 자신의 자유로운 선택에 따라 인생을 스스로 책임져야 한다고 본다. 시장 작용에 대한 기대가 크고, 시장에 결함이 있다고 해도 정부의 결함보다는 덜하다고 믿는다.

합리와 공존을 바탕으로 하는 A, B와는 달리 C, D는 타인에게 손해를 끼치더라도 자신에게 유리한 것을 추구한다. C는 스스로 노력하기보다는 공짜를 바라면서 남에게 기대려고 한다. D는 경쟁을 통해 획득한 것은 승자가 독차지하는 것이 당연하다고 여기며 일단 자신에게 유리하게 형성된 사회 구조는 선악을 불문하고 지키려고 한다.

이기적인 집단 C 또는 D를 대변하는 정당보다는 합리적 집단인 A 또는 B를 대변하는 정당이 집권하는 것이 사회를 위해 바람직하다. 한국에서는 네 집단 중 B의 비율이 제일 높지만 B 단독으로는 집권이 어려울 수 있기 때문에 다른 집단과 연합을 모색하는 것이 보통이다. B가 선택할 수 있는 연합 대상은 A 또는 D이다. 그런데 A와는 세계관이 너무 달라서 연합이 어렵다고 생각할 뿐 아니라 사회적 강자로 구성된 D와 연합하면 현실적으로 이득이 된다는 얄팍한 계산도 하게 된다. D 역시 평등을 강조하는 A는 자신의 이익에 위협이 되므로 자유를 지향하는 B를 지원하는 것이 기득권 유지에 도움이 될 것으로 판단한다. 그래서 보수 진영은 B+D 연합을 구성하면서 겉으로는 B라고 위장한다. 한편 A도 이에 대항하기 위해서는 C의 지지가 필요하기 때문에 사실상 A+C 연합이 이루어진다. 그리고는 서로 상대 진영의 이기적인 모습만을 지적하면서 비난한다.

필자는 이런 상황을 이렇게 묘사한 바 있다.

> 진정한 이념은 인간에 대한 사랑에서 나온다. 그러므로 이념을 주창한 사람이나 깊이 있는 동조자는 입장이 다르더라도 서로 통하기 마련이다. 그러나 이해관계와 정서로 뭉친 현실의 이념사단理念師團은 상대방을 존중하지 않는다. 진보의 입장

에서 보는 현실의 보수는, 이상사회를 향해 진지하게 고민하지 않는 속물이며 부당한 기득권을 누리면서 추호도 양보하지 않는 이기집단이다. 반면 보수의 입장에서 보는 현실의 진보는, 물정도 모르면서 설치는 하룻강아지이며 '사회정의'라는 이상한 깃발을 들고 떼를 쓰는 집단이다. 그러다 보면 인간에 대한 사랑은 사라지고 혐오만 남는다. (김윤상, 2009: 21-22)

지각 있는 국민은 이런 파괴적 갈등에 진저리를 친다. 진영 논리를 넘어 좀 더 나은 사회로 나아갈 수는 없을까? 지공주의가 그 가능성을 열어준다. 진보와 보수 간의 갈등은 남북한 문제와 복지 문제에서 두드러진다. 남북한 문제에는 한국전쟁이라는 트라우마가 깔려 있기 때문에 이성적 해결이 어렵다. 한일 문제의 이성적 해결이 어려운 것과 비슷하다. 그러나 복지 문제는 지공주의를 매개로 하면 이성적으로 풀어낼 수 있다.

보수 진영에서는, 복지는 정의롭지 못한 재분배 정책이라는 시각을 가지고 있다. 복지는 개미의 돈으로 베짱이를 먹여 살리는 일이라고 여긴다는 것이다. 그래서 '복지 포퓰리즘'이라거나, '돈으로 표를 사는 행위'라는 말을 쉽게 뱉게 된다. 그런데 지공주의로 특권의 폐해가 줄어들면 부당한 빈부격차가 상당 부분 예방되므로 복지 수요 자체가 대폭 줄어든다. 또 모든 국민이 동등한 지분을 가지는 특권이익을 징수하여 복지 재원을 마련한다면 누구나 자기 돈으로 자기 삶을 보장받는 결과가 된다. 즉 재분배 없는 시장친화적 복지가 이룩된다. 이런 경우에는 개미와 자신을 동일시하는 보수 진영도 베짱이를 "거지 근성"이라고 비난할 수 없다. 이미 앞의 1절(지공주의와 재분배 없는 복지)에서 이러한 복지제도를 설계해보기도 하였다.

여기에서 '재분배'라는 용어에 대해 언급해둘 필요가 있다. 재분배는 시장에 의해 형성된 분배를 변경하는 과정을 말하는데, 시장주의자들이 재분배를 달가워하지 않는 이유는 시장이 자원을 효율적으로 배분한다는 믿음이 있기 때문이다. 그런데 특권이 존재하는 현실의 시장은 그런 믿음을 충족하지 못한다. 잘못된 시장을 바로잡는 과정은 재분배가 아니라 교정이다. 따라서 특권이익을 환수하여 국민 모두를 위한 복지 재원으로 활용하는 것도 재분배가 아니다. 현실의 시장을 제대로 된 시장에 의해 이루어질 상태로 되돌리는 과정이다.

필자는 좌파인 A가 추구하는 가치를 우파인 B가 원하는 방식으로 달성하는 접근을 좌도우기左道右器라고 표현한다. 우파가 제공하는 배를 타고 좌파가 지향하는 목적지를 향해 나아가는 셈이다. 좌도우기 세상에서는 진보-보수 진영이 복지가 우선이냐 시장이 우선이냐를 놓고 싸울 이유가 없어진다. 성장이 먼저냐 분배가 먼저냐 하면서 다툴 필요도 없게 된다. B가 추구하는 차가운 공존만으로도 A가 추구하는 따뜻한 공존을 이뤄낼 수 있다. A+B 연합을 통해 평화롭고 건강한 사회로 나아갈 수 있다.

지공주의는 제3의 이데올로기

지공주의는 자본주의와 사회주의를 지양하는 제3의 이데올로기가 될 수 있다. 자본주의는 토지와 자본의 사유를 원칙으로 하고 사회주의는 양자의 공유를 원칙으로 하지만 이는 모두 인간의 상식에 어긋난다. 자본주의가 토지 사유를 인정하는 것은 그것이 옳기 때문이 아니라 어쩔 수 없이 현실을 긍정한 것이다. 이러한 자본주의 체제에서는 토지의 사유로 인한 빈부격차, 토지투기 등의 문제가 그칠 수 없다. 반면 사회주의는 자본을 사회화하는데 이것은 인간의 이기적인 본성을 외면하는 지나친 이상주의이다. 자본의 사유화를 막는다면 극히 일부의 이타적인 사람을 제외한 대부분의 인간은 자본을 생산하려고 하지 않을 것이기 때문이다.

반면 지공주의는 자본의 사유와 토지의 공유를 바탕으로

[표 3.5] 세 체제의 비교

체제	토지	자본
자본주의	사유	사유
사회주의	공유	공유
지공주의	공유	사유

한다. 즉 노력에 의해 생산한 것에 대해서는 생산자의 사유를 인정하여 효율성을 달성하고 사람의 노력과 무관하게 천부된 토지는 사유의 대상에서 제외함으로써 형평성을 달성하자는 것이다. 오해의 소지를 없애기 위해 덧붙이자면, 토지를 공유한다고 해서 토지의 단독사용을 금지하는 것은 아니다. 자본주의를 견제하는 역할을 해온 사회주의가 퇴조해 버림으로써 자본주의의 병폐가 더욱 심해지지 않을까 염려되고 있는 이 시점에 이와 같은 제3의 체제는 주목 대상이 된다. 필자는 이런 이념을 지공주의라고 부른다. 세 체제를 비교하면 [표 3.5]와 같다.

뿐만 아니라 우리나라는 아직도 남북이 분단된 채 각기 자본주의와 사회주의를 기본 체제로 삼으면서 대립하고 있다. 또 남북한은 모두 통일을 염원하고 있으면서도 통일 후에도 서로 자기 체제를 고수하는 것을 당연시하고 있는 실정이다. 남북한이 서로 마음을 열고 제3의 체제에 진지한 관심을 가진다면 이상적인 절충안인 좌도우기 체제에 합의할 수 있을 것이다.

지공주의는 두 대립된 이념의 어정쩡한 절충안이 아니다. 진정한 사유재산제, 진정한 자본주의를 추구한다고도 할 수 있다. 진정한 사유재산제란 노력과 기여의 결과를 소유할 수 있도록 하는 동시에 개인의 노력이나 기여와는 무관한 것의 소유는 인정하지 않는 제도이어야 한다. 이런 점에서 보면 현실의 자본주의는 불완전한 사유제산제 위에, 그리고 좌도우기 체제는 진정한 사유재산제 위에 서 있다. 자본주의는 사유재산제를 근간으로 하는 체제이므로 진정한 사유재산제 위에 서 있는 좌도우기 체제야말로 진정한 자본주의라고 하겠다.

또한 지대조세제는 진정한 사유재산제를 구현하는 세제이다. 현재 자본주의 사회에서는 소득세와 부가가치세 등 인간의 생산적 노력의 결과에 부과하는 세금이 조세수입의 큰 비중을 차지한다. 이것은 진정한 사유재산제에 어긋난다. 반면 지대조세제는 불로소득, 그중에서도 가장 악성 불로소득인 지대를 조세로 징수하며 그것으로 세수가 부족할 경우에 한하여 노력

[그림 3.1] 세제의 비교

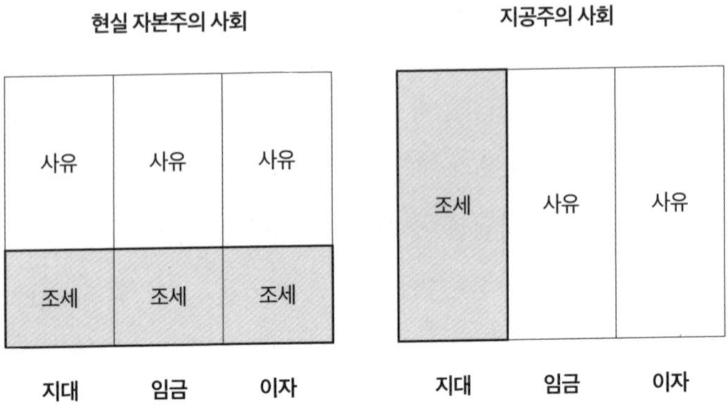

현실 자본주의 사회

사유	사유	사유
조세	조세	조세
지대	임금	이자

지공주의 사회

조세	사유	사유
지대	임금	이자

소득에 과세하게 된다.

현실의 자본주의 사회와 지공주의 사회의 세제를 비교하면 [그림 3.1]과 같다.

지공주의와 국제 분쟁

지공주의는 영토 문제로 인한 국가 간 갈등을 방지하여 세계 평화에 기여할 수 있다. 사람들이 생존 극대화를 위해 토지를 탐

내듯이 국제적인 영토 분쟁도 마찬가지 이유에서 발생한다. 영토가 넓을수록 그리고 부존자원이 많을수록 잠재적인 국부가 늘어나기 때문에 나라마다 기회가 있으면 더 많은 땅을 차지하려고 한다. 더구나 요즘에는 해양과 해저를 이용하고 개발하는 기술이 발달하면서 그에 대한 국제 경쟁도 치열하다. 독도 영유권을 놓고 한일 간에 양보 없는 대결을 보이는 이유도 여기에 있다.

모든 인류가 지상의 자연에 대해 평등한 권리를 가지고 있다는 전제 하에서는 이런 문제가 발생할 수 없다. 그렇다면 국제적으로 평등한 토지권을 보장하려면 어떻게 하는 것이 좋을까? 지대조세제, 즉 자연을 소유하는 자가 다른 사람에 비해 더 유리해지는 정도를 반영하는 지대를 징수하여 공평하게 사용하는 제도를 세계적으로 실시하면 된다.

이 제도가 실시될 때의 세상은 현재의 우리로서는 상상하기 어려운 모습으로 변한다. 모든 나라는 실수요 목적이 아닌 자연(토지만이 아니라, 해양, 자원, 우주공간 등까지)을 취득하려고 하지 않을 것이고 현재 기득권을 가지고 있는 자연 중에서도 실수요와 무관한 부분은 포기하려고 할 것이다. 필요도 없는 자연을 소유하면 그만큼 지대만 더 납부해야 하기 때문이다. 석유 등 천연자원을 확보하기 위한 중동 전쟁 같은 일도 발생하지 않는다. 석유의 가치만큼 지대를 더 내야 하므로 천연자원이 풍부하다고 해서 유리해지는 점은 없기 때문이다. 남북극 관할을 놓고 신경전을 벌이지도 않을 것이고 무리하게 우주 개발을 서두르지도 않을 것이다.

또한 환경오염은 인류 공동의 삶의 조건인 환경을 훼손하여 타인의 사용을 배제하는 행위이므로, 오염자의 이익은 역시 지대에 해당하며 따라서 당연히 징수 대상이 된다. 그러면 국제적 환경오염도 많이 사라질 것이다. 지구온난화 방지를 위한 국제연합 기후변화협약도 이런 취지를 갖고 있기는 하지만 가장 최근의 성과인 1997년 교토의정서도 아직 이 수준에 훨씬 못 미친다. 아니, 오히려 배출권 거래제를 도입하여 환경오염권을 사유화했다는 점에서 염려스럽기까지 한다.

세계 지대기금이 조성되면 여러 좋은 용도로 활용할 수 있다. 가장 단순한 활용 방법은 각국의 인구수대로 나누는 것이다. 가난한 나라는 이런 배당금 덕에 극심한 빈곤에서 벗어날 수 있다. "이런 건 국내에서도 실현 불가능하다"고 생각하여 미리 포기하는 독자가 계실까 봐 하나의 사례를 소개한다. 현재 미국 알래스카 주에서는 이와 비슷한 배당금 제도, 즉 석유채굴세severance tax 수입을 주민에게 균등하게 나누어 주고 있다. 공동의 천연자원을 채굴하는 대가 즉 지대를 징수하여 나누는 사례다.

지대기금의 일부를 별도로 유보해 두었다가 국민소득이 일정 수준 이하로 떨어지거나 천재지변으로 어려움을 겪는 국가를 돕는 데 사용하는 것도 좋겠다.

이처럼 세계 지대조세제가 실시되면 세계 평화와 환경 보전과 빈곤 퇴치에 크게 이바지할 수 있다. 그러나 현재의 국제관계는 이런 제도를 수용할 만한 수준에 올라 있지 못하다. 소아적 국익을 추구하는 각 나라를 적절히 통제할 장치가 마련되어 있지 않기 때문이다. 인격 수양이 각 개인의 고귀한 목표이듯이 국가의 품격 고양 역시 인류의 고귀한 목표이므로, 세계의 집단지성을 한 걸음씩이라도 그 방향으로 움직여 나가야 한다.

3. 국민이 주인 되는 정치 개혁

연동형 비례대표제

지금까지 국민이 다수결로 제도를 정한다면 균형형 제도가 채택될 것이며 균형형 제도에 기반을 둔 토지공개념과 지공주의로 행복한 세상을 이룩할 수 있음을 보았다. 그런데도 민주정을 채택하고 있는 나라에서도 왜 이것이 실현되지 않을까? 국민의 의사가 정치와 정책에 제대로 반영되지 않는 이유는 현실의 정치 제도에서 찾을 수 있다.

우리에게 익숙한 국회의원 선거제도를 보자. 제일 큰 문제는 당선자 수에 정당별 투표 지지율이 제대로 반영되지 않는 소선구제이다. 소선거구제에서는 1등만 당선되고 나머지 후보의 득표는 모두 사표가 되고 말기 때문이다. 소선구제의 대안으로 한 선거구에 여러 명이 당선되는 중·대선거구제와 득표 비율을 당선자 수에 반영하는 비례대표제가 흔히 제시된다. 중·대선거구제는 당선자 수를 제외하고는 현행 소선구제와 비슷하므로 도입하기는 쉽지만, 당선자 사이에 지지율 격차가 클 수 있고 낙선자의 표는 역시 사표가 된다는 문제가 해결되지 않는다.

비례대표제는 이런 문제를 해결할 수 있다. 한국에서도 비례대표제가 있지만, 국회의원의 경우 300명 정원에 비례대표 의석은 불과 47석밖에 안 될 뿐 아니라 국회의원 총의석을 정당 득표율에 따라 배정하는 소위 '연동형' 비례대표제가 아니라 47석만 정당 득표율에 따라 배정하는 '병립형' 비례대표제이다. 국민 대표성이라는 기준으로 볼 때 매우 미흡한 방식이다. 민주주의 선진국에서는 연동형 비례대표제를 채택하는 나라가 많다. 민주주의 선진 20개국 중 14개국이 이런 제도를 채택하고 있다. 영국, 미국처럼 민주주의 역사가 오래된 나라에서도 단순다수제인 소선구제를 유지하고 있기는 하지만 대표성 문제가 내재하고 있다.

한편 우리 정치 현실을 감안할 때 정당의 비례대표 공천이 제대로 이루어지지 않을 것이라는 우려도 있다. 과거에 당에 헌금을 많이 한 사람이나 당내 권력과 가까운 사람을 비례대표로 내세운 사례도 있었다. 그런데 공천의 투명성과 공정성은 비례대표제 자체의 문제라기보다는 정치 윤리 전반의 문제이다. 소선구제에서도 공천이 공정하게 이루어지는 것이 아님을 우리는 잘 알고 있다. 독일 등 잘 알려진 비례대표제 국가에서는 민주적인 공천 과정을 법으로 명백하게 규정하여 엄격하게 집행하고 있어 이런 문제가 별로 없다. 또 비례대표제에서 국민은 정당에 투표할 뿐 정당별 후보와 그 순위를 정당이 정한다면 대표성이 낮아질 수 있고 선거에 대한 국민의 관심도가 줄어들 수도 있다. 그래서 독일처럼 지역구 선거제와 비례대표제를 결합시키는 방법이 주목된다.

비례대표제와 실질적 다당제를 통해 선거에서 제대로 된 선택을 할 수 있으면 좌도우기가 쉬워진다. 앞에서 지공주의는 좌도우기를 가능하게 한다고 하였는데, 연동형 비례대표제를 도입하면 좌도우기를 현실정치에서 구현할 수 있다. 앞의 [표 3.4]에 B에 속하는 사람도 소선거구제 때문에 A+C 연합과 B+D 연합의 양대 정당이 정치권력을 분할 점령하는 현실에서는 부득불 B+D 정당을 지지하게 된다. 양심적인 사람이라면 이기적인 D와 같은 편에 선다는 사실이 부끄러울 것이다. 양대 정당이 사라지고 실질적 다당제가 성립되어 A, B, C, D가 따로 정당을 결성하게 되면 떳떳한 마음으로 B 정당을 지지하면서, B 정당이 과반수를 차지하지 못한다면 A+B 연합정권이 수립되기를 기대할 것이다. 지금까지는 A와 B가 서로 지향이 달라

정책 연합조차도 어렵다고들 인식해 왔다.

또 A에 속하는 사람은 지금과 같은 정치 풍토에서는 B+D 연합에 대항하는 A+C 연합을 지지하게 되지만 마음이 개운하지 못할 것이다. 그런데 연동형 비례대표제를 통해 실질적 다당제가 된다면 당연히 A를 표방하는 정당을 지지할 것이고 A 정당이 과반수를 차지하지 못할 경우에는 A+B 연합정권이 수립되기를 기대할 것이다. B의 지향에 충실하기만 해도 A가 추구하는 목표를 달성할 수 있다는 사실이 널리 알려지면 이런 연합이 더욱 쉬워질 것이다.

균형형 제도만으로도 이타형 제도와 같은 결과를 낼 수 있다는 사실을 알고 비례대표제를 통해 실질적 다당제가 되어 정파 간 연합이 자연스러운 정치풍토가 조성될 경우에는 각 정파에 대한 주민의 지지는 제1장의 [표 1.3]과는 다소 달라질 것이다. [표 1.3]에서는 균형적 주민 중 약자는 부득이 이타형 제도를 지지한다고 했지만, 균형형 제도만으로도 약자 보호가 가능하다면 굳이 자신의 성향과 다른 이타형 정파를 지지할 이유가 없다. 또 이타적 주민 중 일부는 자신과 성향이 다른 타인을 배려하여 균형형 제도에도 동의한다고 했지만, 결과적으로 균형형 제도와 이타형 제도 간의 차이가 없다면 역시 자신의 성향과 다른 균형형 정파를 지지할 이유가 없다. 이런 이유로 각기

[표 3.6] 주민의 성향과 계층 인식에 따른 지지 정파

<table>
<tr><th>성향
계층 인식</th><th>이기 성향</th><th>균형 성향</th><th>이타 성향</th></tr>
<tr><td>강자</td><td>D
(이기형)</td><td rowspan="3">B
(균형형)</td><td rowspan="3">A
(이타형)</td></tr>
<tr><td>중간층</td><td>B
(균형형)</td></tr>
<tr><td>약자</td><td>C
(이타형)</td></tr>
</table>

자신의 성향에 맞춰 균형적 주민은 균형형 제도를 내세우는 정파를, 이타적 주민은 이타형 제도를 내세우는 정파를 지지하게 된다. 이를 정리하면 [표 3.6]과 같다.

앞에서 적용했던 성향별 주민 비율과 계층 구성 비율을 적용하여 정파별 지지율을 추정하면 [표 3.7]과 같은 결과가 나온다.

이 표에서 보듯이 B+D 연합으로도 다수파가 될 수는 있지만 A+C 연합의 강한 반대에 부딪칠 것이다. 가장 큰 세력인 공존지향의 보수정파인 B 입장에서는 그보다는 A+B 연합을 통해

[표 3.7] 정파별 지지율 (%)

태도 \ 진영	진보	보수	합계
공존	A 20	B 50	70
이기	C 20	D 10	30
합계	40	60	100

정권을 장악하는 것이 명분도 있고 안전하다. A+B 연합은 균형형 제도에 바탕을 둔 이타형 제도를 지지하므로 C 정파도 반대할 이유가 없다. 그럴 경우 이기적 강자로 구성되는 D 정파만이 이기형 제도를 지지하는데 그 지지율은 10% 전후의 소수파가 되고 만다. 승자 독식과 기득권 수호를 고집하는 D 정파 지지자를 제외한 나머지 90% 정도의 합의를 통해 조화로운 세상을 만들어 갈 수 있다. 다만, D 정파 지지자가 숫자로는 10% 전후이지만 실제로 행사하는 힘은 그보다 훨씬 클 것이므로, 선거에서 그런 힘이 작용할 수 없도록 하는 장치가 필요하다.

공공기관장의 중립성

그런데 공정한 제도가 있다고 해서 문제가 끝나는 것은 아니다. '제도'가 아니라 구체적인 '사안'이 쟁점이 될 경우에는 그 사안에 이해관계를 가진 이기적 주민 간의 대립으로 인해 원만한 합의에 이르기 어려운 것이 현실이다. 공정한 제도에 합의한 당사자라고 해도 이해관계와 직결되는 개별 사안이 발생하면 자신들이 합의한 제도는 뒷전으로 미루고 사익 추구에 골몰하는 예가 적지 않다. 플라톤은, 민주주의는 바보들의 정치가 되므로 철인이 정치를 담당해야 한다고 했는데 이런 문제를 염려했기 때문이 아닐까? 존 롤스도 사회계약 당사자들이 자신의 성향이나 소속 계층을 전혀 모른다고 가정했는데 같은 염려 때문일 것이다.

그렇다면 민주사회에서 원칙과 제도는 주민 합의에 의해 정하고, 이를 구체적인 사안에 적용하는 업무는 전문성과 중립성을 갖춘 공공기관이 담당하는 것도 하나의 방법이다. 전문성을 확보하는 것은 각종 시험이나 자격증 등으로 해결할 수 있고 지금도 그런 제도가 많이 있다. 중립성을 보장하기 위한 제도도 물론 있다. 중립성을 기관 내외에서 감시하고 있으며 중립 의무를 위반할 때는 징계나 처벌의 대상이 된다.

공직자라고 해도 돈과 권력으로부터의 중립을 지키기는 매우 어렵다는 걸 우리는 경험을 통해 알고 있다. 두 가지 중립이 다 필요하지만 아무래도 정치권력으로부터의 중립이 더욱 중요하지 않을까? 정치는 모든 것을 압도하는 힘이기 때문이다. 공직자와 공공기관의 정치적 중립 의무가 법률에 명시되어 있지만, 정작 그런 공공기관을 이끌어가는 기관장 등 간부의 인사에는 정치권이 관여하도록 되어 있다. 모순이 아닐 수 없다. 중요한 공공기관과 언론 관련 기관 인사에 현재 누가 어떻게 관여하는지 정리하면 [표 3.8]과 같다.

이 표를 보면, 중립적인 공공기관장의 인사에 대통령과 정치권의 의지가 크게 작용한다는 사실이 확인된다. 심지어 헌법에 의해 행정부로부터 독립하도록 되어 있는 대법원과 헌법재판소 인사에서조차 대통령의 영향력은 막강하다. 대통령이 중립기관장을 임명하는 것은 대통령이 국가원수이기 때문이라고 하지만 그건 임명권이 형식에 불과한 경우에나 타당한 말이다.

이런 인사제도로는 공공기관이 정치적 중립을 지키기 어렵다. 그럼 중립기관장을 임명하는 과정에서 대통령 등 정치권의 영향력을 배제하려면 어떻게 해야 할까? 프랑스와 이탈리아처럼 검찰을 사법부에 소속시키는 것도 한 방법이지만, 검찰 아닌 다른 기관까지 그렇게 할 수는 없는 데다가 사법부는 국민

[표 3.8] 중요 중립적 공공기관 인사권자와 절차

기관 (직위 수)	구성원	실질적 인사권자	절차
대법원 (13인)	대법원장	대통령	국회 동의
	대법관	대통령	원장 제청, 국회 동의
헌법재판소 (9인)	소장	대통령 (재판관 중)	국회 동의
	재판관	대통령, 국회, 대법원장 각 3인	
중앙선관위 (9인)	위원	대통령, 국회, 대법원장 각 3인	위원장 호선
국가인권위원회 (11인)	위원장	대통령	국회 인사청문
	위원	대통령 3인, 국회 4인, 대법원장 3인	
검찰청	검찰총장	대통령	국무회의 심의, 국회 인사청문
특별검사		대통령	추천위에서 2명 추천 추천위(7명)=법무차 관, 법원행정처차장, 대한변협회장 및 국회 추천 4명
국정원	원장	대통령	국회 인사청문
	차장, 기획실장	대통령	원장 제청

기관 (직위 수)	구성원	실질적 인사권자	절차
경찰청	경찰청장	대통령	경찰위원회 동의, 행자부장관 제청, 국무총리 경유, 국회 인사청문
감사원 (5~11인)	감사원장	대통령	국회 동의
	감사위원	대통령	원장 제청
한국은행	총재	대통령	국무회의 심의, 국회 인사청문
금융통화운영위	위원	대통령	유관기관 추천
방송통신위원회 (5인)	위원장	대통령	국회 인사청문
	위원	대통령 1인 국회 3인 (여1, 야2)	
방송통신심의위원회 (9인)	위원	대통령, 국회의장, 국회상임위 각 3인	위원장 호선
한국방송공사 (이사 11인)	사장	대통령	이사회 제청, 국회 인사청문
	이사	대통령	방송통신위원회 추천, 이사장 호선
한국방송문화진흥회 (9인)	이사	방송통신위원회	이사장 호선

대표성이 아예 없다는 점도 문제이다. 비례대표제를 통해 대표성을 높이더라도 의회는 정치적 중립을 지키기 어렵다. 정당은 기본적으로 정치집단이고 나름의 조직이기주의를 벗어날 수 없으며 의원들은 재선을 바라는 직업 정치인이기 때문이다. 그래서 일반 국민 중에서 무작위 추첨으로 대표를 뽑아 이런 업무를 맡기면 좋겠다. 구체적으로, 공무담임권을 가진 국민 중 무작위 추첨으로 대표를 선발하여 구성하는 '국민판정단'이 필요하다. 무작위 추첨의 우연한 편중가능성을 막기 위해서 판정단원의 수는 100명 이상으로 하고 주기적으로 판정단원의 일부를 교체하면 좋겠다. 임기가 2년이라면 반년마다 4분의 1씩 교체하면 될 것이다.

선거의회와 추첨의회

이처럼 무작위 추첨으로 국민판정단을 구성하여 정치적 중립성을 확보하고 국민의 상식을 반영할 수 있다면 중립적 공공기관 인사 외에도 추첨 방식을 활용할 분야가 있을 것이다. 비례대표제와 추첨대표제의 장점을 결합하는 좀 특별한 양원제는 어떨까? 프로와 아마추어의 건강한 결합을 위해, 비례대표 선거로 구성하는 국회와 무작위 추첨으로 구성하는 국민판정단을 같이 두자는 것이다. 국민판정단이 의회 역할을 하면 선거에 의한 의회는 '선거의회'로 추첨에 의한 의회는 '추첨의회'라고 불러도 좋다. 보통의 안건은 직업 정치인으로 구성되는 선거의회에서 처리하되 국민의 상식을 반영해야 하는 중요 안건, 정당 간 의견이 심히 엇갈리는 안건, 국회 또는 국회의원의 이해관계가 걸린 안건은 추첨의회에서 다루면 된다. 이런 안건 중에서 "국회 또는 국회의원의 이해관계가 걸린 안건"을 추첨의회에 맡기자는 제안은 많은 국민의 동의를 얻을 수 있을 것이다. 지금처럼 국회 예산, 국회의원 선거구 획정, 의원 보수 등을 국회 스스로 결정하는 것은 넌센스이기 때문이다.

국민판정단에 대해서도 의문 내지 비판이 있을 것이다. 이런 의문과 비판은 대체로 두 가지 이유에서 나온다. 하나는 생소한 제도이기 때문이고, 다른 하나는 기득권을 버리고 싶지 않기 때문이다. 사실 추첨민주주의sortition democracy는 고대 아테네에서 사용했던 방식이고 현대에도 정책 결정에 국민의 상식적인 판단을 반영하기 위해 이런 방식을 채택하는 예가 적지 않다. 다만, 의회를 이렇게 구성하는 사례는 없기 때문에 생소하게 느끼는 사람이 많은 것도 당연하다.

추첨민주주의에 대한 의문 내지 반론으로는 흔히 3무론三無論

이 제기된다. 추첨으로 뽑힌 의원은 국가나 공동체에 대한 관심도 없고, 공무를 돌볼 시간도 없고, 전문성도 없다는 것이다. 이는 배심원 또는 참심원을 두는 국민참여형 재판 제도에 대한 반론과 닮은꼴이다. 그러나 다른 나라에서 국민참여형 재판이 잘 운영되는 걸 보면 추첨제 역시 잘 정착될 수 있을 것으로 본다. 제도가 일단 도입되면 초등학교 때부터 교육을 할 테니까 무관심은 별 문제가 안 될 것이다. 그리고 공무를 돌볼 시간이 없다는 문제는 적절한 보상 제도를 마련한다면 역시 해결될 것이다.

그러나 전문성이 부족하다는 비판은 초점이 맞지 않는다. 국민판정단의 취지가 직업 정치인 대신 국민의 상식을 반영하기 위한 제도이기 때문이다. 해학의 달인 조지 버나드 쇼는 "모든 전문직은 일반인을 기만하기 위한 음모"every profession is a conspiracy against the laity라고 했다. 물론 그렇게까지 냉소적으로 표현할 필요는 없다고 하더라도 소위 '전문직의 오류'professional fallacy, 즉 전문성에 빠져서 몰상식한 결과를 내는 경우를 많이 보아왔다. 국민판정단원 업무에 필요한 일반 지식은 국민판정단원으로 선정된 후 교육을 거치도록 하면 되고, 특정 안건에 대한 전문적인 지식이나 분석이 필요한 경우에는 의회처럼 산하에 조사 연구기관을 두면 된다. 직업 정치인과 일반 국민, 그리고 전문가의 건강한 조합은 우리가 궁극적으로 지향해야 할 목표이다.

생소한 제도에 국민이 적응하는 기간이 필요하다면 도입 초기에는 자원자 중에서 추첨을 하는 방법부터 시작해도 좋을 것이다.

이에 더해서 국민판정단과 같은 대의민주주의 방식 외에 직접민주주의를 확대하는 것도 필요하다. 대의민주주의는 모든 주민이 다 같이 참여하기 어려운 물리적·경제적 제약 때문에 부득이하게 채택하는 방식일 뿐, 할 수만 있다면 주민이 직접 제안도 하고 결정도 하는 직접민주주의의 폭을 넓혀야 한다. 요즘은 인터넷의 발달로 제약도 상당히 줄어들고 있기도 하다. 한국에서도 지방자치 제도에서는 주민이 직접 참여할 수 있는 여러 방식이 도입되어 있다.

추첨의회 수준까지는 아니었지만 일반 시민에 의한 직접민주주의의 한 사례로 2017년 신고리 원자력발전소 5·6호기 건설 중단 또는 재개 여부를 판단하는 공론화위원회와 시민참여단이 있었다. 시민참여단은 일반 국민 중 무작위로 선출된 500명으로 구성되었으며, 대의민주주의의 폐단을 극복하는 대안으로 주목 받고 있는 숙의민주주의의 좋은 선례를 만들어내어 주목을 받았다.

4차 산업혁명과 행복한 세상

안타깝게도 자기 직업에 보람을 느끼는 사람은 많지 않다. 지난 5월 18일 취업 포털 '잡코리아'가 직장인 526명 대상으로 실시한 설문조사에서, "나의 직업은 내가 하고 싶어 했던 일이다"라는 문항에 '그렇다'고 답한 사람은 28.5%에 그쳤다. 『하버드 비즈니스 리뷰』가 2013년 전문직 1만 2천 명을 대상으로 조사한 결과에서도 자기 직업이 무의미하다고 답한 사람이 반에 달했다.

반면에 빅데이터, 클라우드, 사물인터넷, 인공지능 등 새로운 차원의 기술을 생산에 활용하는 4차 산업혁명이 거론되고 있다. 작년 1월 스위스 다보스에서 열린 '세계경제포럼'에서 언급된 이래 널리 주목을 받아왔고 지난 대통령 선거에서도 여러 후보가 다투어 언급하였다. 4차 산업혁명 덕에 원하지 않는 일에서 해방될 수 있다면 인류의 꿈이 실현된다. 그러나 일자리가 줄어들고 대량 실업이 발생한다는 부작용도 흔히 지적된다. 실직자가 많아지면 빈부격차가 심해질 것이고 소비 감소로 인해 경제 전체가 붕괴될 수도 있다.

새 기술로 사회 전체의 생산력이 높아진다면, 이런 부작용은 분배를 통해 해결할 수 있다. 그러나 경제적 수요가 있는 일에만 보수가 돌아가는 시장으로는 안 된다. 직업관을 혁명적으로 바꿔, 사회에 필요한데도 시장임금이 생기지 않는 일에는 사회가 보수를 지급해야 한다. 예를 들어, 살림과 육아가 사회에 기여한다면 가정주부도 당연히 사회로부터 보수를 받아야 한다. 지금도 정부가 문화예술인을 지원하고 있는데, 정책의 취지가 이와 다르지 않다. 이런 소득을 필자는 '사회임금'이라고 부르고 싶다. 현재는 사회임금이 복지급여와 같은 뜻으로 사용되고 있는데 아마도 시장임금 외의 소득 수단이 복지급여밖에 없다고들 생각하기 때문인 것 같다. 그러나 일의 대가라는 '임금'의 본뜻을 살리자면 일과 무관하게 지급하는 복지급여와는 구분하고 싶다.

아울러 튼튼한 사회안전망도 갖추어야 한다. 돈벌이가 안 되더라도 자신이 원하는 방식으로 삶을 살려면 기본 생활이 보장되어야 하기 때문이다. 이에 대해서는, "복지는 개미가 베짱이를 먹여 살리는 것"이라는 반론도 만만치 않다. 인류가 너무나 오랫동안 힘들게 세상을 살아왔으니 무리도 아니다. 그러나 아무도 베짱이가 되지 않는 복지는 불가능한 꿈이 아니다. 기본적으로 특권 없는 공정한 시장을 조성하여 복지 수요 자체를 줄이고, 부득이하게 존재하는 특권으로부터 생기는 이익을 환수하여 복지 재원으로 사용하면 된다. 특권이익 환수는 시장 작용을 저해하지 않으며 특권이익에 대해서는 모든 국민이 동등한 지분을 가지므로, 이를 재원으로 하는 복지는 시장 친화적 복지인 동시에 정의로운 복지이다. 특권이익의 크기는 모든 복지 재원을 충당하고도 남는 것으로 필자는 추산한다.

사회안전망이 잘 갖추어진 사회에서는 시장의 모습도 달라진다. 험한 일, 힘든 일은 보수가 대폭 높아질 것이므로 일에 대한 불만이 줄고 소득 불평등이 많이 완화된다. 노동자의 교섭력이 높아질 것이므로 사람을 존중하는 기업은 유능한 인재를 확보할 수 있는 반면 억압적인 분위기의 기업은 도태되고 만다. 노동의 유연성도 함께 높아질 것이므로 기업은 인력 관리를 탄력적으로 할 수 있고 노사 간의 극한대립도 대폭 줄어든다. 각자 자신이 좋아하는 일은 자꾸 하게 되며, 그래서 수준이 높아지면 시장임금을 얻을 수도 있다. 이런 사회에서는 교육도 달라진다. 시장 바닥의 일자리 전쟁에서 살아남는 법을 가르치는 소모적 경쟁교육에서 벗어나, 각자의 잠재적 재능을 발견하고 길러주어 자아실현을 돕는 진정한 교육으로 바뀌게 된다.

4차 산업혁명 이전의 세 차례 산업혁명마다 일자리가 줄어든다는 우려가 있었다. 그러나 기술 변화에 따른 일시적 또는 마찰적 실업은 있었어도 장기적으로 보아 일자리가 줄지 않았다. 전반적으로 노동시간이 단축되고 직업의 분포가 1차, 2차 산업에서 서비스 산업과 기술 산업 쪽으로 많이 이동했을 뿐이다. 필자는 이번에도 그럴 가능성이 많을 것으로 전망한다. 그러나 어떤 결과가 되든지, 4차 산업혁명이라는 화두의 등장을 계기로 직업관과 복지 체제도 혁명적으로 달라지기를 바란다. 무의미한 일은 기계에 맡기고 인간은 보람 있는 일에 전념하는 행복한 세상이 되기를 희망한다.

(『영남일보』 2017. 7. 17)

'헬조선'의 해법은 복지 + 비례대표제

인간은 누구나 평등하게 존엄하다고 헌법에도, 세계인권선언에도 나와 있지만 현실에서는 빈말이 되어 있다. '헬조선'이나 'n포 세대'와 같은 신조어가 청년 세대의 공감을 얻고 있는 것도 그 증거다. 경제적 불안은 취업 또는 복지를 통해 해소해야 한다. 그런데 일자리는 줄어드는 추세다. 고용 없는 성장이 현대 경제의 특징으로 자리 잡고 있으며 더구나 앞으로 로봇이 인력을 대체해갈 것이므로 지금까지 우리가 알아온 일자리는 자꾸 줄어들게 된다.

그렇다면 복지가 점점 더 중요해지게 된다. 취업을 하든 말든 모든 국민에게 인간다운 생활을 보장하면 세상이 달라진다. 구직자가 취업에 목을 매지 않으므로 기업도 좋은 노동력을 확보하려면 자기네들끼리 경쟁해야 한다. 노동시장의 수요자와 공급자 간에 힘의 균형이 이루어져서 기업이 갑질을 할 수 없는 완전경쟁시장에 가까워진다. 일자리의 개념도 달라진다. 일자리는 돈보다 보람을 얻기 위한 방편이 된다.

그러나 복지는 "개미가 베짱이를 먹여 살리는 것"이라는 인식이 많다. 그래서 복지가 원만하게 정착하려면 특권이익을 재원으로 사용하는 것이 좋다. 특권이란, 노력과 운이 동일한데도 더 많은 이익을 얻거나 더 적은 불이익을 받을 지위 또는 자격이다. 모든 국민이 평등하게 존엄하다면 당연히 특권과 차별은 없어야 한다. 그러나 공익적 관점에서 특권을 공인하는 경우도 있고 현실적으로 특권이 존재하는 경우도 많다. 공인된 특권으로 토지소유권, 각종 면허 등이 있고 현실적으로 존재하는 특권으로는 남성특권, 정규직특권, 수도권특권, 갑질특권 등이 있다.

국민이 평등하게 존엄하다면 특권에서 생기는 이익은 당연히 환수하여야 한다. 또 환수액에 대해서 모든 국민이 동일한 지분을 가지므로 베짱이도 자기 돈으로 자기 삶을 살아갈 수 있다. 개미가 노력하여 번 소득을 거두어 베짱이를 먹여 살리는 게 아니므로 '재분배 아닌 복지'가 이루어진다. 특권이익은 예상 외로 엄청난 규모다. 토지특권만 해도 원론적으로 계산하면 연간 1인당 400만 원꼴이다. 생존권을 보장하는 사회보험 제도를 만들고 1인당 연간 100만 원만 보험료로 활용해도 모든 국민에게 인간다운 삶을 보장할 수 있다.

독자 중에는 "재분배 아닌 복지? 좋지. 그렇지만 한갓 꿈이 아닌가? 기득권층이 양보하려고 하겠나?" 하고 의문을 갖는 분도 많을 것이다. 사회문제 해결을 위해서는 개인의 각성과 시민운동이 필요하지만 그걸로 충분하지 않다. 결국 제도는 정치가 바꾸는 것이다. 그래서 청년층을 대변하는 정치 세력이 뿌리를 내려야 한다. 기존의 거대 정당이 청년 몇 명을 국회의원으로 만들어주는 정도로는 안 된다. 청년정당을 결성하여 국회의 교섭단체를 구성할 수 있는 20석 이상의 당선자를 낼 수 있다면 상당한 정치적 힘을 발휘할 수 있다.

그런데 지금처럼 소선구제와 단순다수대표제가 결합된 선거제도에서는 청년정당이 국회의원을 내기 어렵다. 완전한 선거공영제를 실시하여 선거비용이 들지 않는다고 해도 결과는 역시 비슷할 것이다. 그렇다면 선거제도를 바꾸어야 한다. 1등 당선제는 낙선자가 얻는 모든 표를 사표로 만들고 거대 정당의 정치

독과점을 낳기 때문에 민주적 제도라고 부르기 민망할 정도다. 이런 제도에서는 청년들이 투표해봤자 달라지는 게 없으니 투표율이 낮고 그래서 정치권은 청년을 덜 챙기는 악순환이 되풀이된다.

그러면 정치개혁의 최우선 과제가 무엇인지 답이 나온다. 표의 대표성을 높여야 한다. 흔히 비례대표제와 중·대선거구제가 대안으로 제시되는데 비례대표제가 물론 더 낫다. 2등이나 3등까지 당선되는 중·대선거구제에서도 낙선자의 표는 사표가 될 뿐 아니라 지금과 같은 지역 구도에서는 한 정당이 여러 후보를 내어 특정 지역의 당선자를 싹쓸이할 수도 있기 때문이다.

헬조선을 원하지 않는다면 모두 이렇게 외쳐야 한다. "내 돈 돌리도!" "내 표도 한 표다!" 그리고 이런 구호가 먹혀들려면 4월에 있을 국회의원 선거에서 청년들이 대거 투표장에 나가서, 청년 표가 무섭다는 걸 보여주어야 한다.

(『경북대신문』 2016. 3. 21)

시민단체는 왜 필요한가?

대구참여연대 창립 20주년이 되는 해를 맞이하여, 어려운 여건에도 불구하고 정의로운 사회를 위해 꾸준히 노력해온 활동가와 후원자 여러분께 치하와 감사의 말씀을 드린다. 이 글에서는 '시민단체는 왜 필요한가?'에 대해 같이 생각해보기로 한다. 새삼스럽지만, 활동가와 후원자가 초심을 지키기 위해서 그리고 시민단체에 무관심한 일반 시민과 소통하기 위해서는 이런 질문을 되새길 필요가 있을 것 같다.

정부의 특징: 공익성, 권력성, 독점성

모든 사람이 간섭 받지 않고 자유롭게 살면서 자기 문제를 스스로 해결할 수 있다면 좋겠지만 그렇게 할 수 없는 사정이 있다. 인간은 남과 더불어 사는 존재이고 자원은 유한하기 때문에 개인의 욕구가 서로 충돌되는 경우가 흔하다. 이런 세상에서 각자도생하도록 내버려 두면 강자가 권력을 전횡하여 정의가 무너진다. 또 사회 전체의 관점에서 공동으로 대응하는 것이 더 효율적인 일도 많다. 즉 정의와 효율을 위해 정부가 필요하다.
정부가 맡는 일에는 대체로 다음 두 가지가 있다. 첫째로, 공권력이 필요한 일이다. 제도를 만들어 시행하려면 제도를 어기는 자를 처벌하지 않으면 안 되는데 민간인에게 이런 공권력을 부여할 수는 없다. 둘째로, 수혜자로부터 대가를 받기 어려운 일이다. 국방처럼 모두에게 필요하지만 국민 중 누구는 보호하고 누구는 배제하기가 어려운 서비스에 대해서는 무임승차를 하려는 사람이 많게 된다. 이런 일은 민간이 감당할 수 없다.

따라서 정부는 공익성, 권력성, 독점성이라는 세 가지 특징을 가지게 된다. 공익성은 정부의 존재를 정당화하는 근거이고, 권력성은 정부가 임무를 수행하기 위해 불가결한 수단이다. 아울러, 공권력을 가진 정부는 독점적인 지위를 가질 수밖에 없다. 복수의 정부가 존재하면서 서로 충돌하는 제도를 국민에게 강요한다면 사회는 내란 상태와 다름없게 된다.

정부는 '필요악', 시민단체의 감시와 비판이 절실

그런데 바로 이런 특징 때문에 정부는 잘못되기 쉬운 기관이다. 민간기업이 추구하는 이윤은 객관적인 측정이 용이하지만 정부의 존재이유인 공익은 개념이 추상적이어서 성과 측정이 어렵다. 민간기업은 자발적 수요가 있어야 살아남을 수 있지만 정부는 권력을 통해 자신의 서비스를 국민에게 강제로 공급할 수 있다. 더구나 정부는 경쟁 상대도 없이 독점적 지위를 누린다.

정부든 다른 조직이든 이런 특징을 가진 실체는 효율이 떨어질 수밖에 없고 어린아이에게 칼을 쥐어준 것처럼 위험하기까지 하다. 나아가, 정부가 사익을 챙기는 강자와 유착할 경우에는 통제 불능의 괴물로 변하기도 한다. 뿐만 아니라 정부는 관료조직이므로 관료제의 병폐인 경직성, 획일성이 지배한다. 우리가 너무나 많이 보아온 정부실패의 모습이다. 그렇더라도 정부가 담당해야 할 일이 있는 한 정부를 없앨 수는 없기 때문에, "정부는 필요악"이라는 말이 나온다. 국민이 정부를 적절히 통제할 수 있는 장치가 필요하고 이런 장치를 통해 국민이 정부를 적극적으로 감시해야 한다.

정부를 통제하기 위해 수많은 시행착오를 거치면서 인류가 고안한, 또는 진화해온 장치가 민주주의다. 그러나 민주주의도 완벽하지 않다. 특히 우리나라처럼 소선구제를 취하는 국가에서는 국회의원 등 선출직 공직자의 국민 대표성이 매우 낮다. 설령 연동형 비례대표제 도입과 직접민주주의 확대를 통해 국민 대표성이 높아지더라도 이런 장치가 제대로 작동하는지를 일반 국민의 입장에서 감시하고 비판하는 일은 여전히 필요하다. 그래서 시민단체가 할 일은 지금도 또 앞으로도 계속 존재한다.

깨어 있는 시민과 추첨의회

그러나 시민단체가 존속하려면 최소한의 경제적 토대가 필요한데, 정부와 달리 시민단체는 조세 징수권도 없는데 어떻게 존립할 수 있나? 시민단체가 감시 대상인 정부로부터 또는 대기업 등 사회적 강자로부터 지원을 받을 경우에는 부작용이 염려된다. 그래서 대구참여연대는 아예 정부 지원을 거부하고 있다. 시민단체 지원은 시민의 몫이다. 그런데 일반 시민의 입장에서 보면, 시민단체 활동은 정부가 제공하는 국방 서비스와 비슷하다. 정의로운 사회, 나라다운 나라를 위해 시민단체가 애쓰면 우리 모두가 좋아지지만 그렇다고 특정 개인이 배제되지는 않는다. 그래서 일반 시민은 시민단체에 무관심해지고, 관심이 있어도 무임승차하려는 마음이 생기게 된다.

또 라틴어로 "Quis custodiet ipsos custodes?"라는 말이 있다. 흔히 "감시자는 누가 감시할 것인가?"라고 번역된다. 시민단체라는 감시자는 누가 감시할 것인가? 시민단체의 지원과 감시를 위해서는 깨어 있는 시민이 필요하다. 그런데 깨어 있는 시민이 기대만큼 많지 않고 설령 많다고 하더라도 대부분 힘들게 살다 보니 지원과 감시를 할 여유가 없는 게 우리 현실이다. 그래서 정파적 이해관계가 없는 제3의 기관에 시민단체 지원과 감시 업무를 담당하도록 하자는 아이디어를 제시해본다.

필자는, 국회처럼 선거로 구성하는 대의기관 외에 일반 국민 중 추첨으로 선발하는 대의기관을 병립시키자는 제안을 해왔다. 보통의 안건은 직업 정치인으로 구성되는 선거의회에서 처리하되 국민의 상식을 반영해야 하는 중요 안건, 정당 간 의견이 심히 엇갈리는 안건, 국회 또는 국회의원의 이해관계가 걸린 안건은 추첨의회에서 다루자는 것이다. 작년에 신고리 원자력발전소 5·6호기 건설 중단 여부를 판단한 공론화위원회와 시민참여단은, 상설기구도 아니고 결정권을 가진 의회도 아니었지만, 추첨의회와 비교적 가까운 예이다. 추첨의회가 실현되어 그 산하에 시민단체 지원과 감독 업무를 담당하는 기관을 두면 좋겠다. "꿈 깨라"고 하는 분도 계시겠지만 개혁은 불가능해 보이는 꿈에서 비롯된다고 답하고 싶다.

(대구참여연대 소식지 『함께 꾸는 꿈』 제115호, 2018. 2)

참고 문헌

김윤상 (2009) 『지공주의: 새로운 토지 패러다임』, 경북대학교출판부.

김윤상 (2013) 『특권 없는 세상: 헨리 조지 사상의 새로운 해석』, 경북대학교출판부.

김윤상 (2017) 『이상사회를 찾아서』, 경북대학교출판부.

김윤상 외 (2018) 『헨리 조지와 지대개혁』, 경북대학교출판부.

남기업·전강수·강남훈·이진수 (2017) 「부동산과 불평등 그리고 국토보유세」, 『사회경제평론』 통권 54호.

전병욱 (2010) 「부가가치세 등 간접세의 소득계층별 실질 부담 수준」, 국회입법조사처 정책연구용역보고서.

George, Henry (1879) *Progress and Poverty*. 김윤상 옮김 (1997, 2016) 『진보와 빈곤』, 비봉출판사.

Hayek, Friedrich von (1960) *The Constitution of Liberty*, London: Routledge & Kegan Paul.

Rawls, John (1999) *A Theory of Justice*, Rev. ed. 황경식 옮김 (2003) 『정의론』, 이학사.

지공주의의 이론과 실천

토지공개념, 행복한 세상의 기초

초판 1쇄 발행 2018년 10월 22일

지은이 김윤상
펴낸이 오은지
책임편집 변홍철
표지디자인 박대성
펴낸곳 도서출판 한티재 | 등록 2010년 4월 12일 제2010-000010호
주소 42087 대구시 수성구 달구벌대로 492길 15
전화 053-743-8368 | 팩스 053-743-8367
전자우편 hantibooks@gmail.com | 블로그 www.hantibooks.com

ISBN 978-89-97090-94-5 04300
ISBN 978-89-97090-40-2 (세트)

책값은 뒤표지에 있습니다.

이 도서의 국립중앙도서관 출판예정도서목록(CIP)은 서지정보유통지원시스템 홈페이지(http://seoji.nl.go.kr)와 국가자료공동목록시스템(http://www.nl.go.kr/kolisnet)에서 이용하실 수 있습니다. (CIP제어번호: CIP2018032203)